U0578256

# I
# 测绘图版

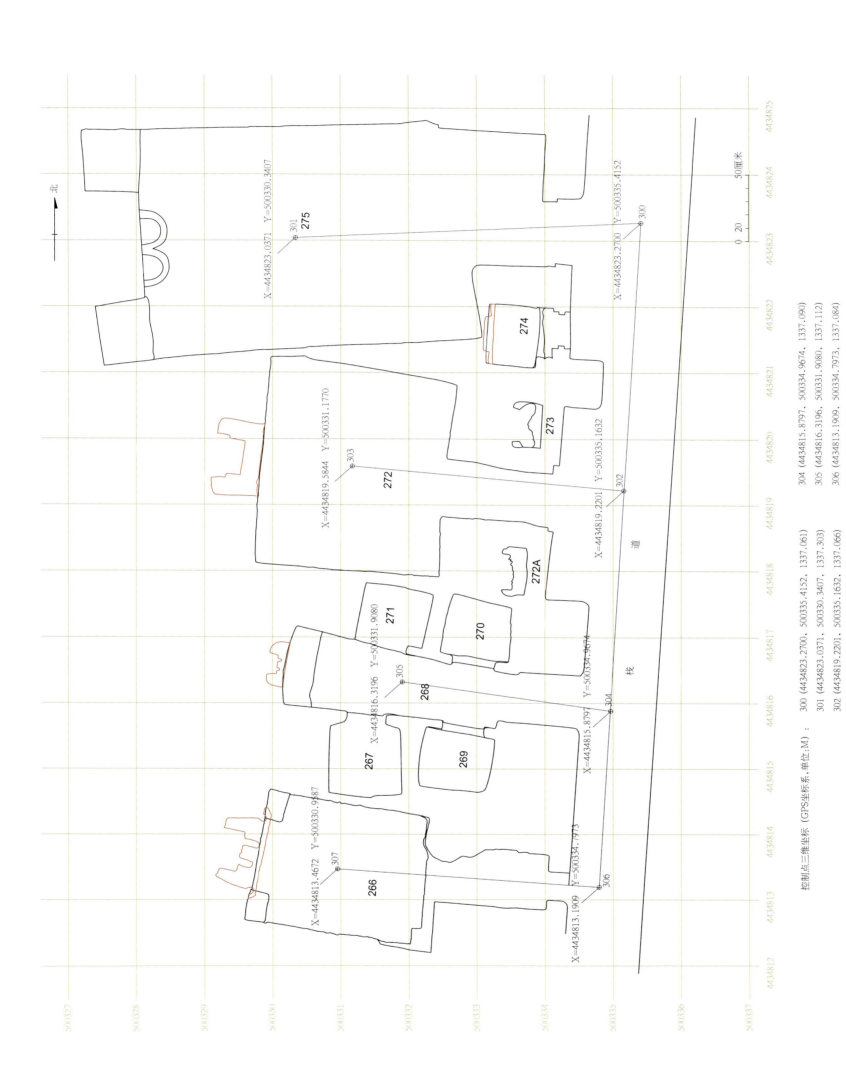

第266～275窟联合平面图（现状）

控制点三维坐标（GPS坐标系，单位:M）：

300 (4434823.2700，500335.4152，1337.061)
301 (4434823.0371，500330.3407，1337.303)
302 (4434819.2201，500335.1632，1337.066)
303 (4434819.5844，500331.1770，1337.305)
304 (4434815.8797，500334.9674，1337.090)
305 (4434816.3196，500331.9080，1337.112)
306 (4434813.1909，500334.7973，1337.084)
307 (4434813.4672，500330.9587，1336.903)

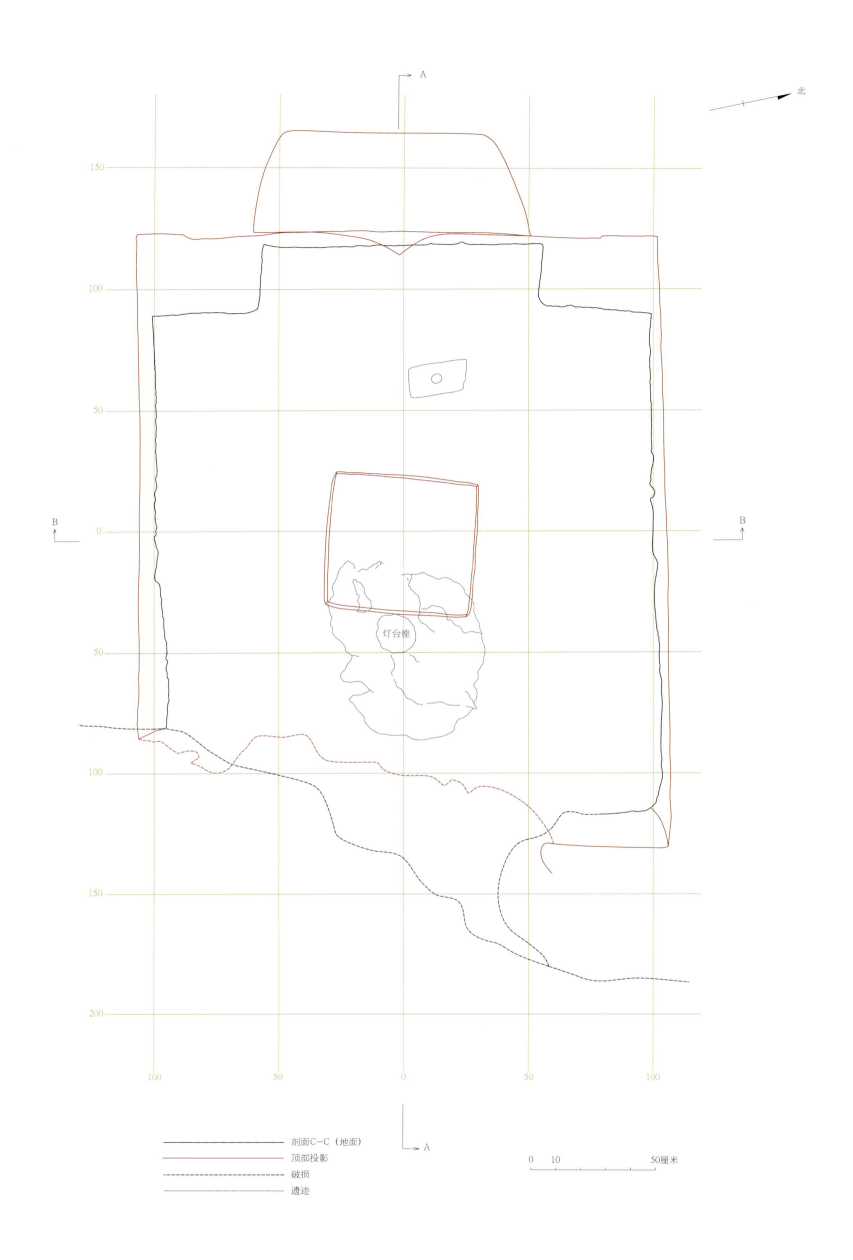

A

北

150

100

50

0

B          B

灯台座

50

100

150

200

100    50    0    50    100

剖面C-C（地面）
顶部投影
破损
遗迹

A

0    10         50厘米

第266窟平面（C-C）及顶部投影图

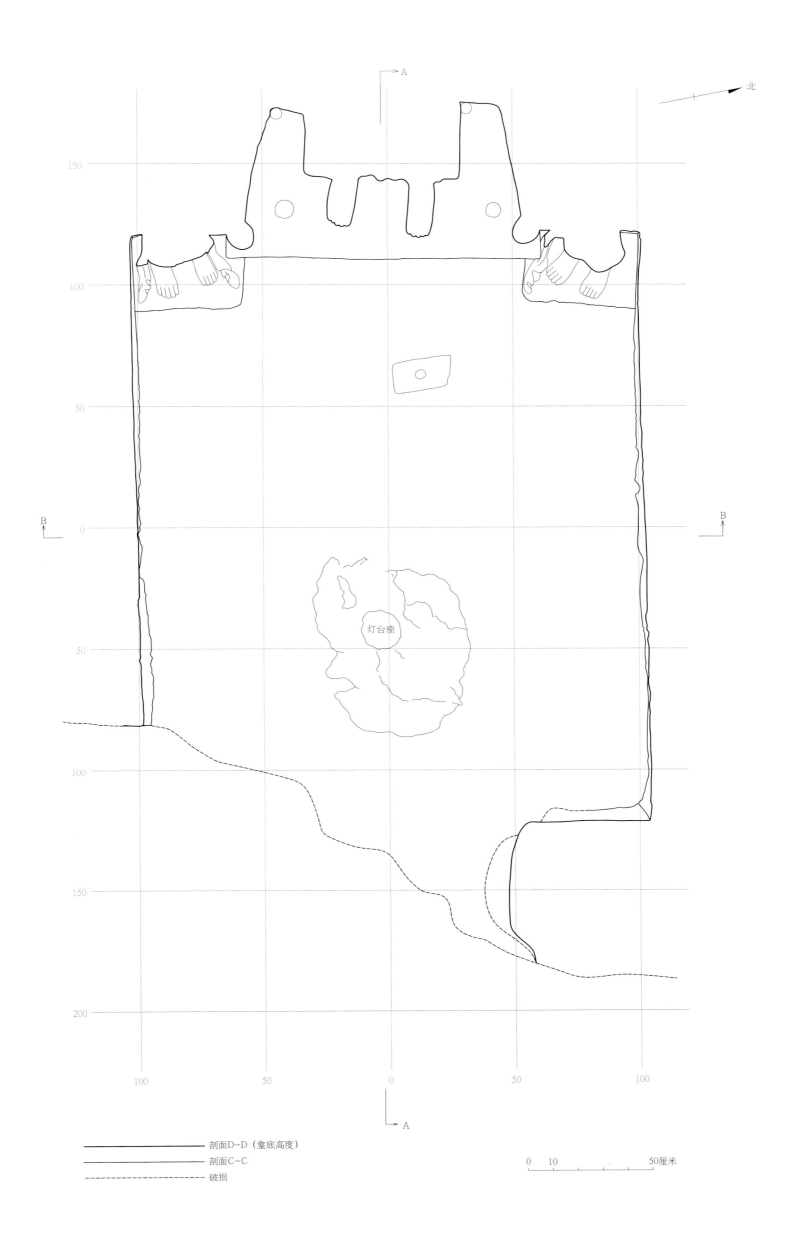

第266窟平面（D–D、C–C）图

第266窟横剖面（B—B）图（向西）

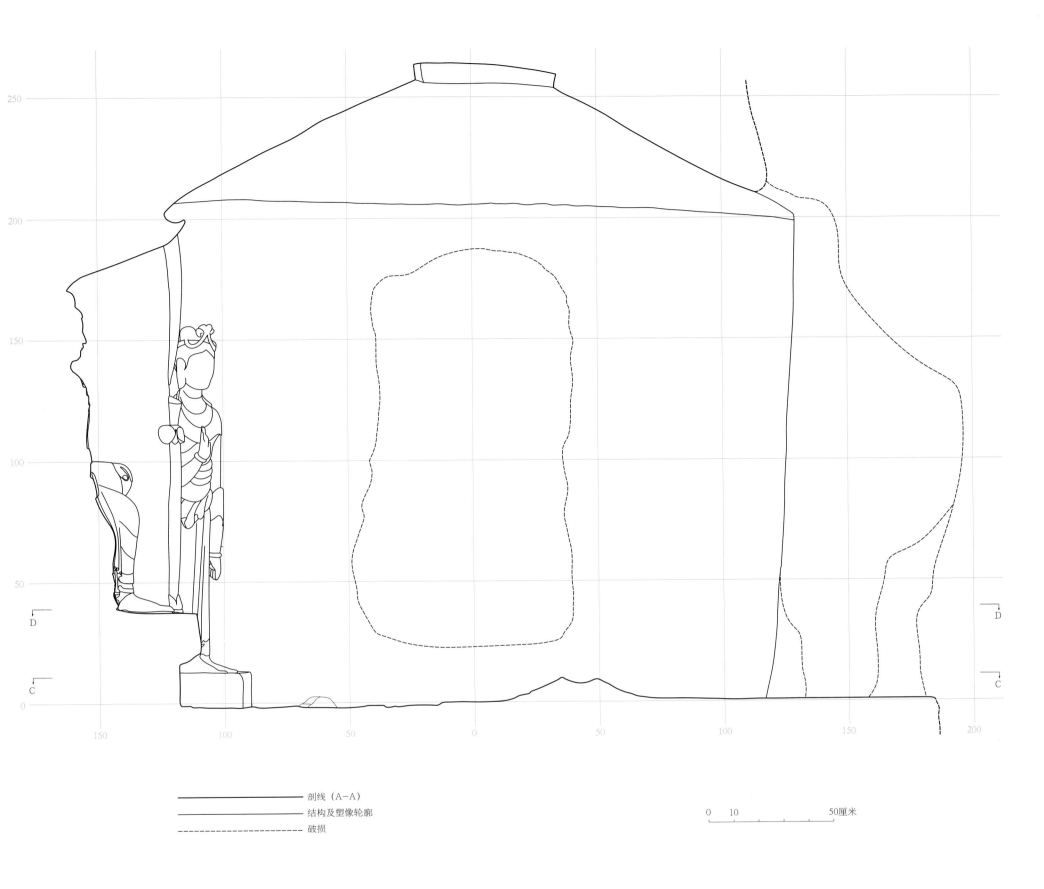

剖线（A-A）

结构及塑像轮廓

破损

0　10　　　50厘米

第266窟纵剖面（A-A）图（向北）

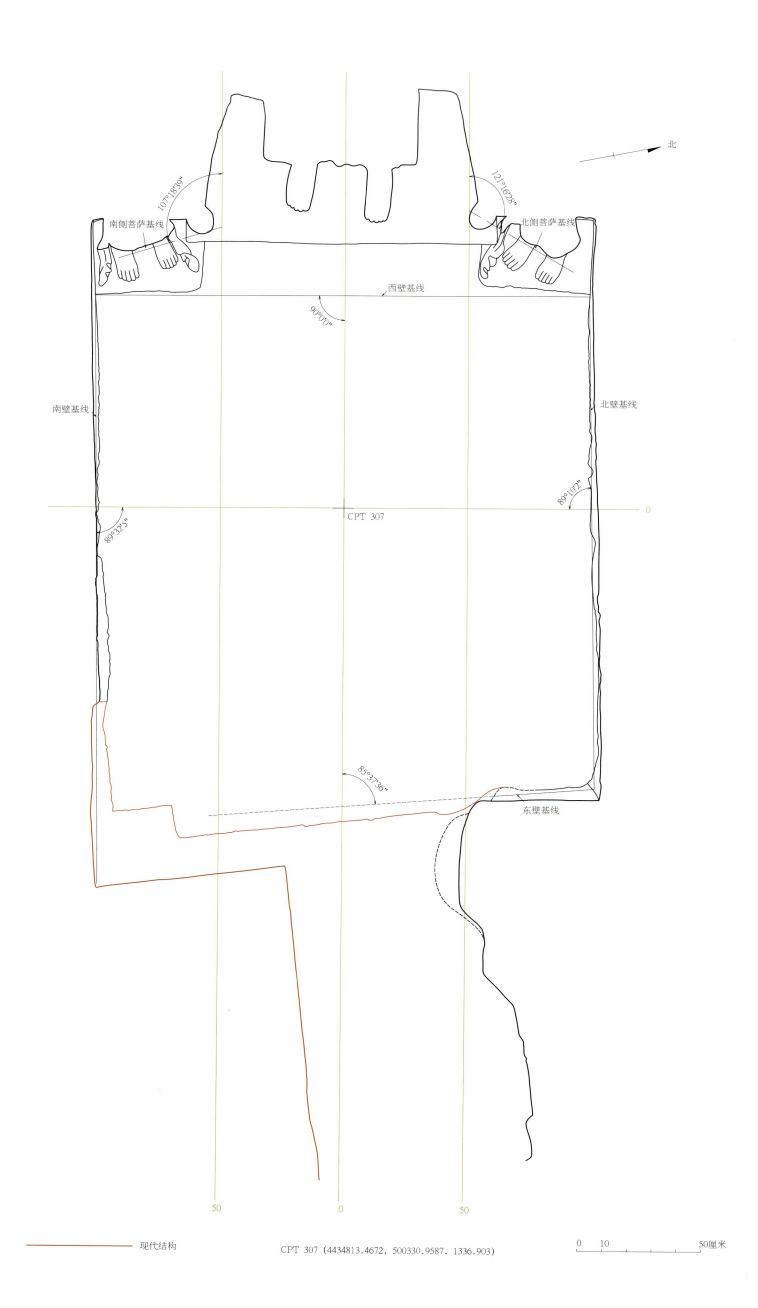

南侧菩萨基线    107°18′39″    121°16′28″    北侧菩萨基线

南壁基线    西壁基线    90°00′00″    北壁基线

89°32′3″    CPT 307    89°1′2″    0

85°37′36″    东壁基线

50    0    50

———— 现代结构    CPT 307 (4434813.4672，500330.9587，1336.903)    0  10        50厘米

北

第266窟平立面关系图

200

150

100

50

0

100          50          0          50          100

结构及塑像轮廓

壁画

破损

近现代重修

0    10              50厘米

第266窟西壁立面图

结构及塑像轮廓
壁画及塑像细部
破损

0　10　　　　　　　　50厘米

第266窟西壁龛内展开图

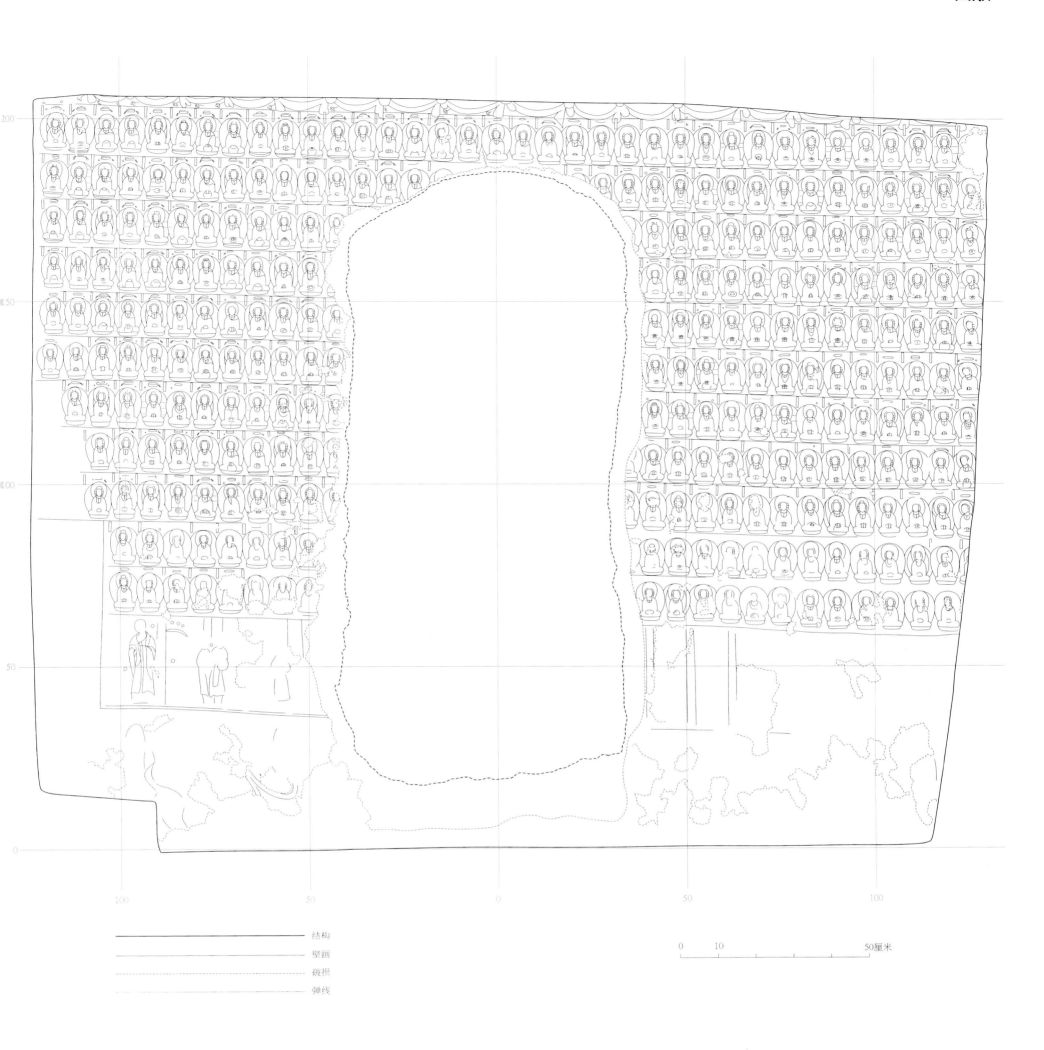

第266窟北壁立面图

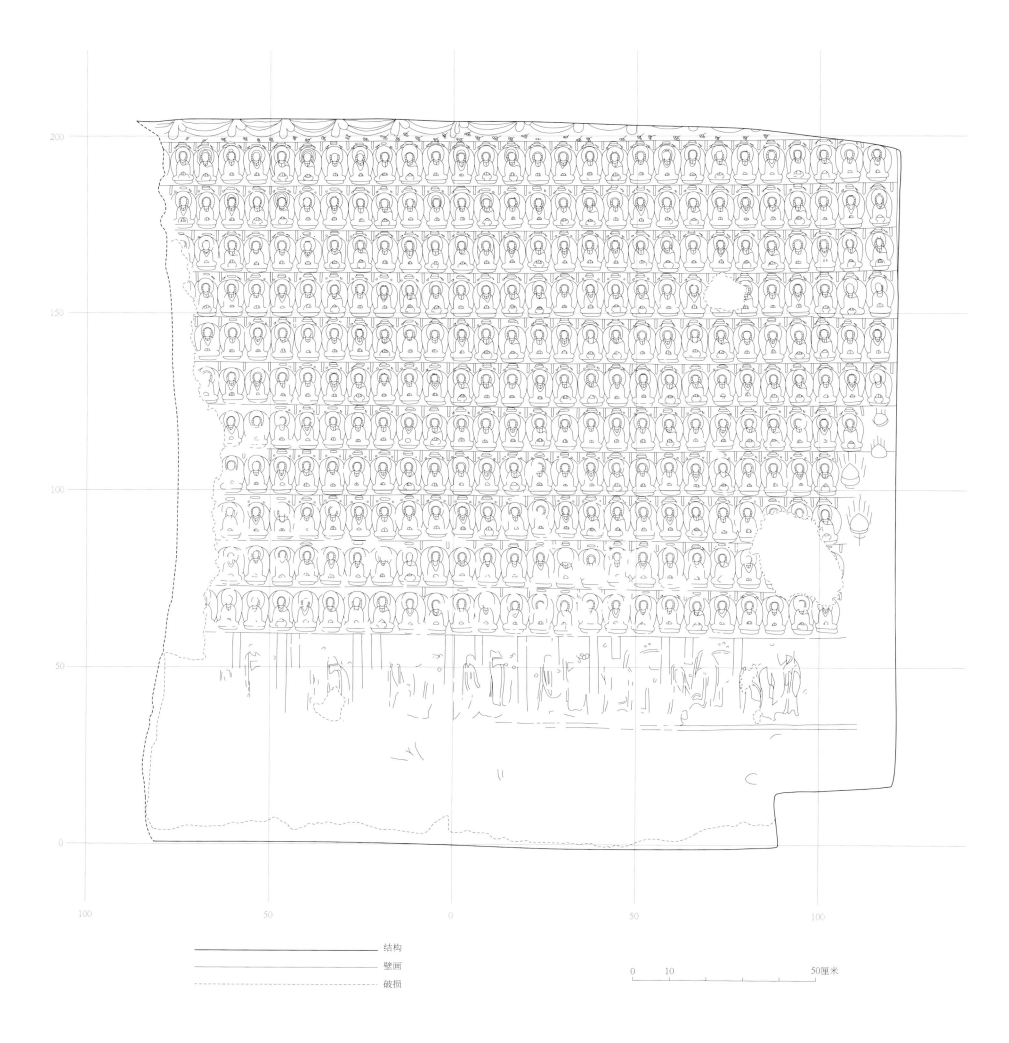

第266窟南壁立面图

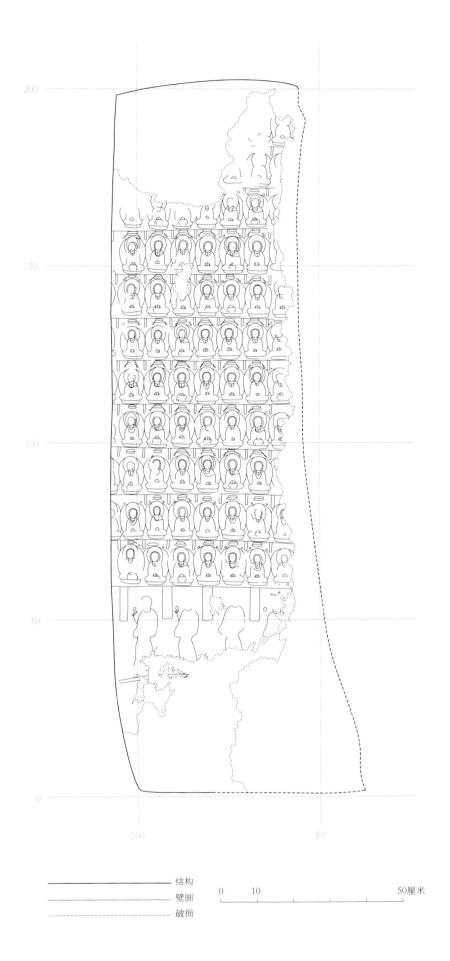

结构
壁画
破损

0　10　　　　　　　　50厘米

第266窟东壁北侧立面图

东

南

北

西

结构
壁画
破损

0　10　　　　　　50厘米

第266窟窟顶仰视图

东

南

北

西

结构
壁画
破损

0  10  50厘米

第266窟窟顶展开图

第268窟平面（D-D）及顶部投影图

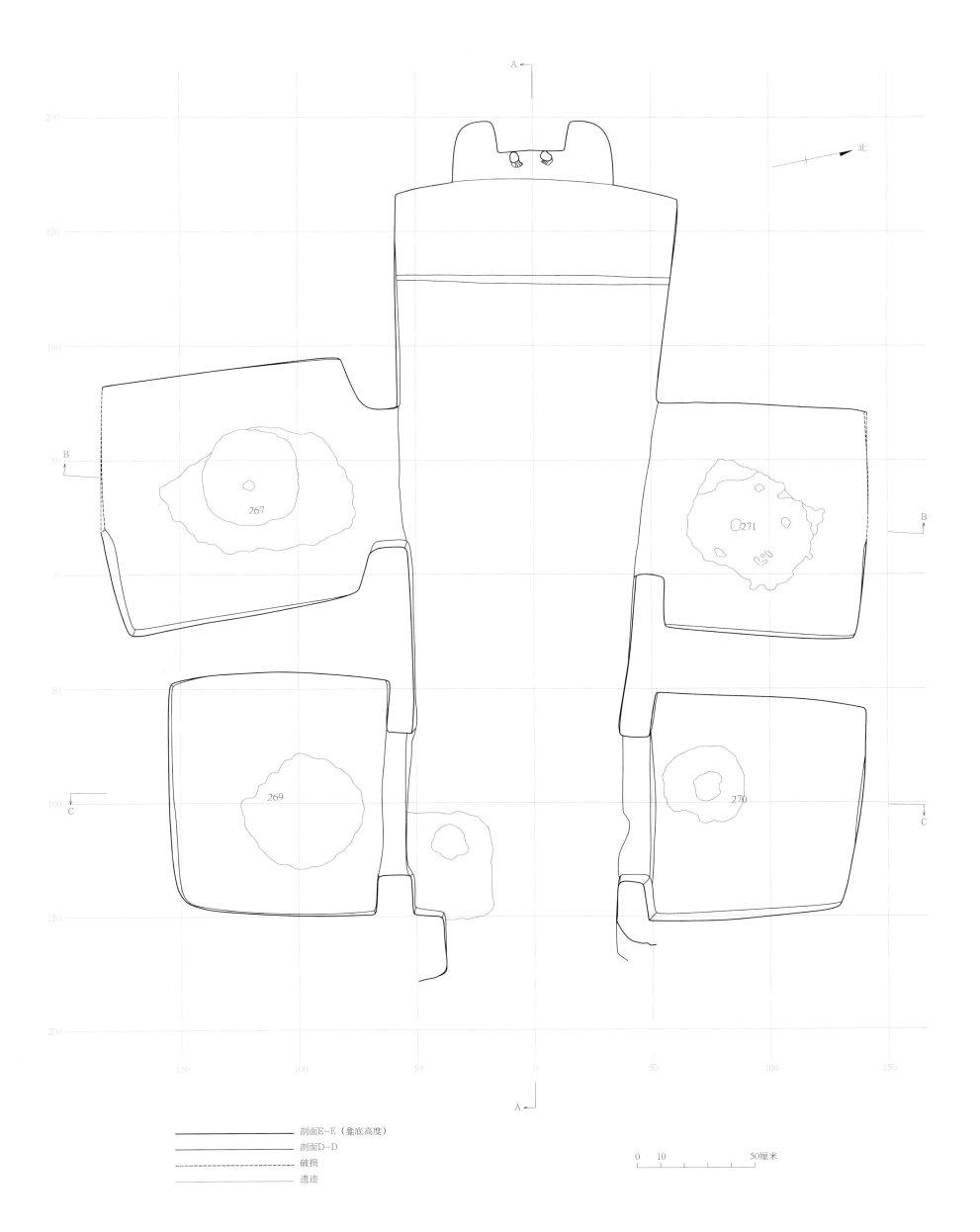

第268窟平面（E-E、D-D）图

剖面E-E（龛底高度）
剖面D-D
破损
遗迹

0  10        50厘米

北

剖线（B-B）
结构及塑像轮廓
破损

0　10　　　　　50厘米

1　横剖面（B-B）图（向西）

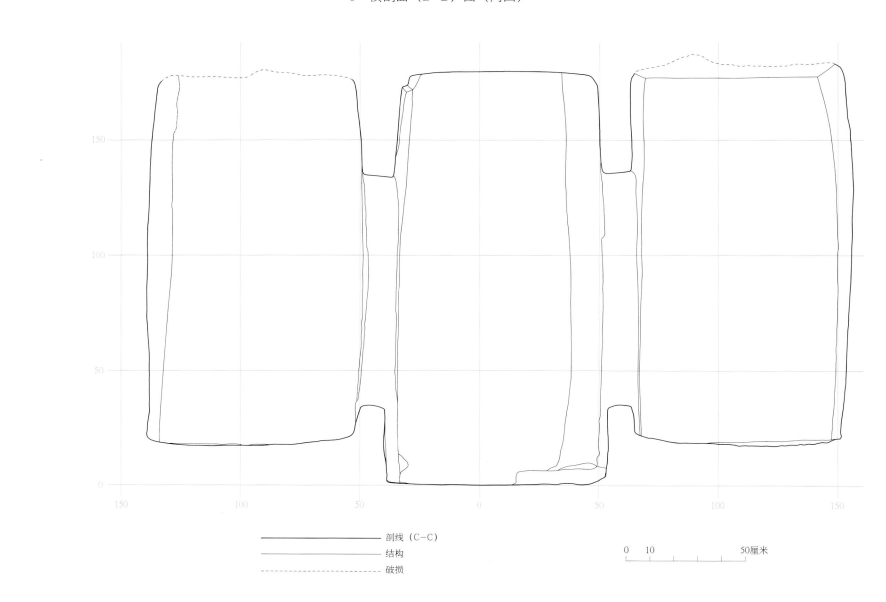

剖线（C-C）
结构
破损

0　10　　　　　50厘米

2　横剖面（C-C）图（向东）图

第268窟横剖面

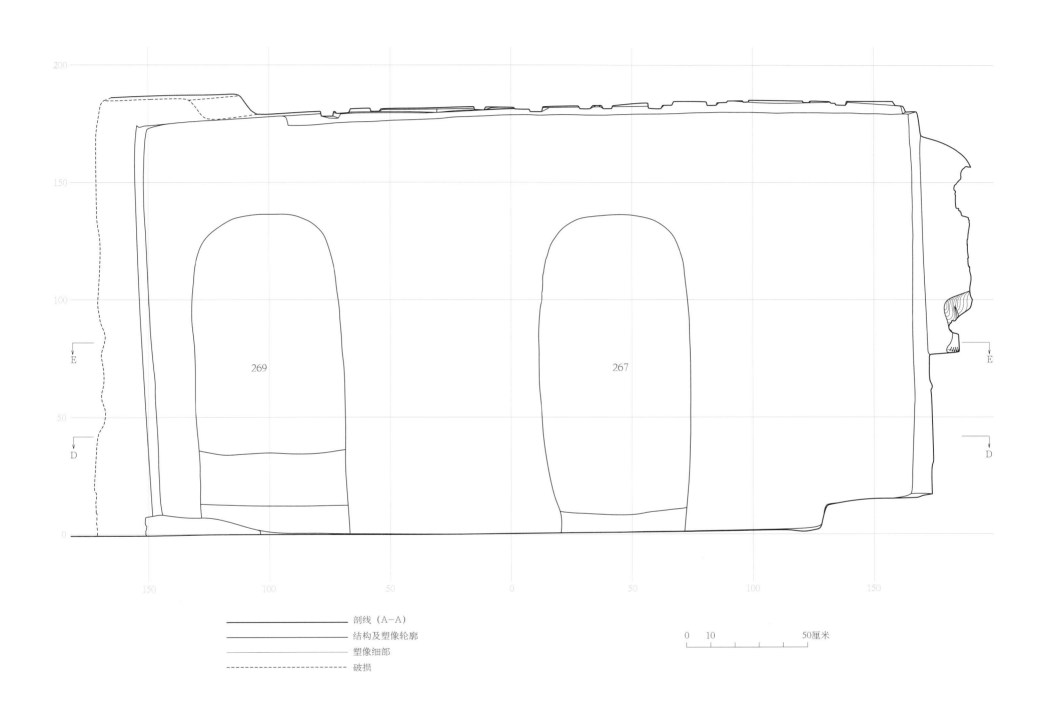

第268窟纵剖面（A–A）图（向南）

1 横剖面（F-F）图（向北）

2 平面（G-G）及顶部投影图

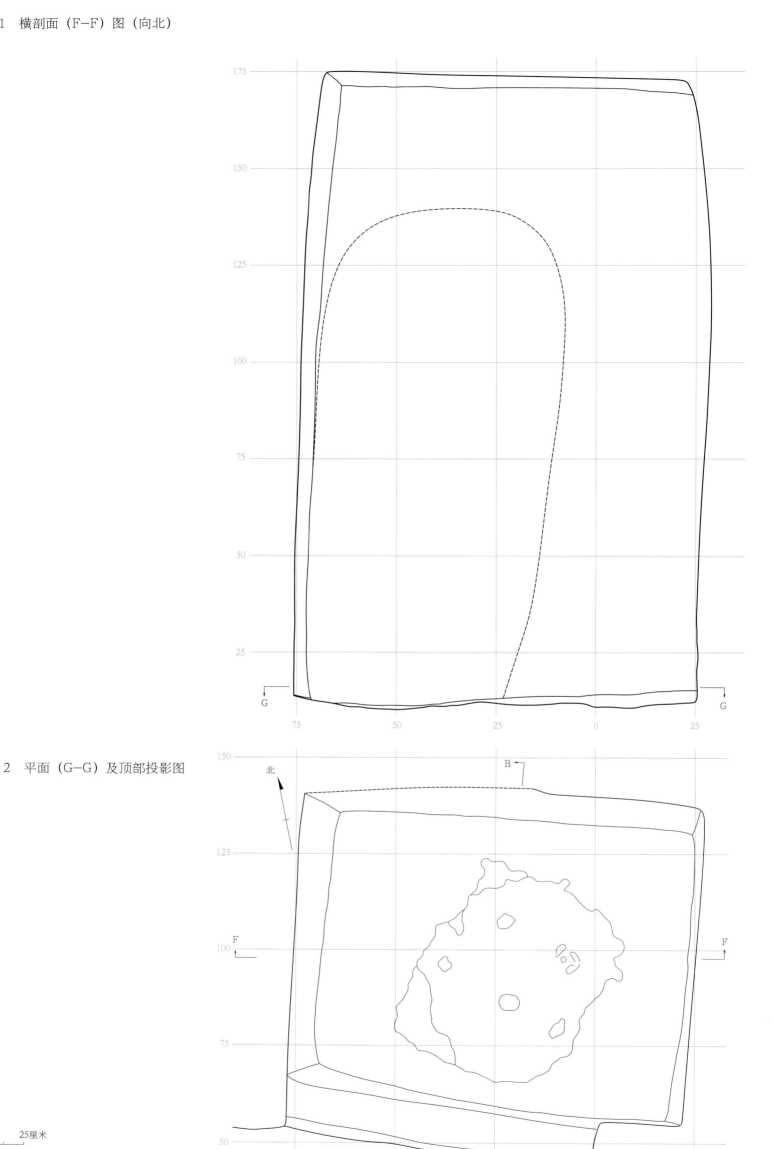

0　5　　　25厘米

———— 剖线（F-F、G-G）
———— 顶部投影
———— 结构及遗迹
-------- 破损

第271窟平面、横剖面及顶部投影图

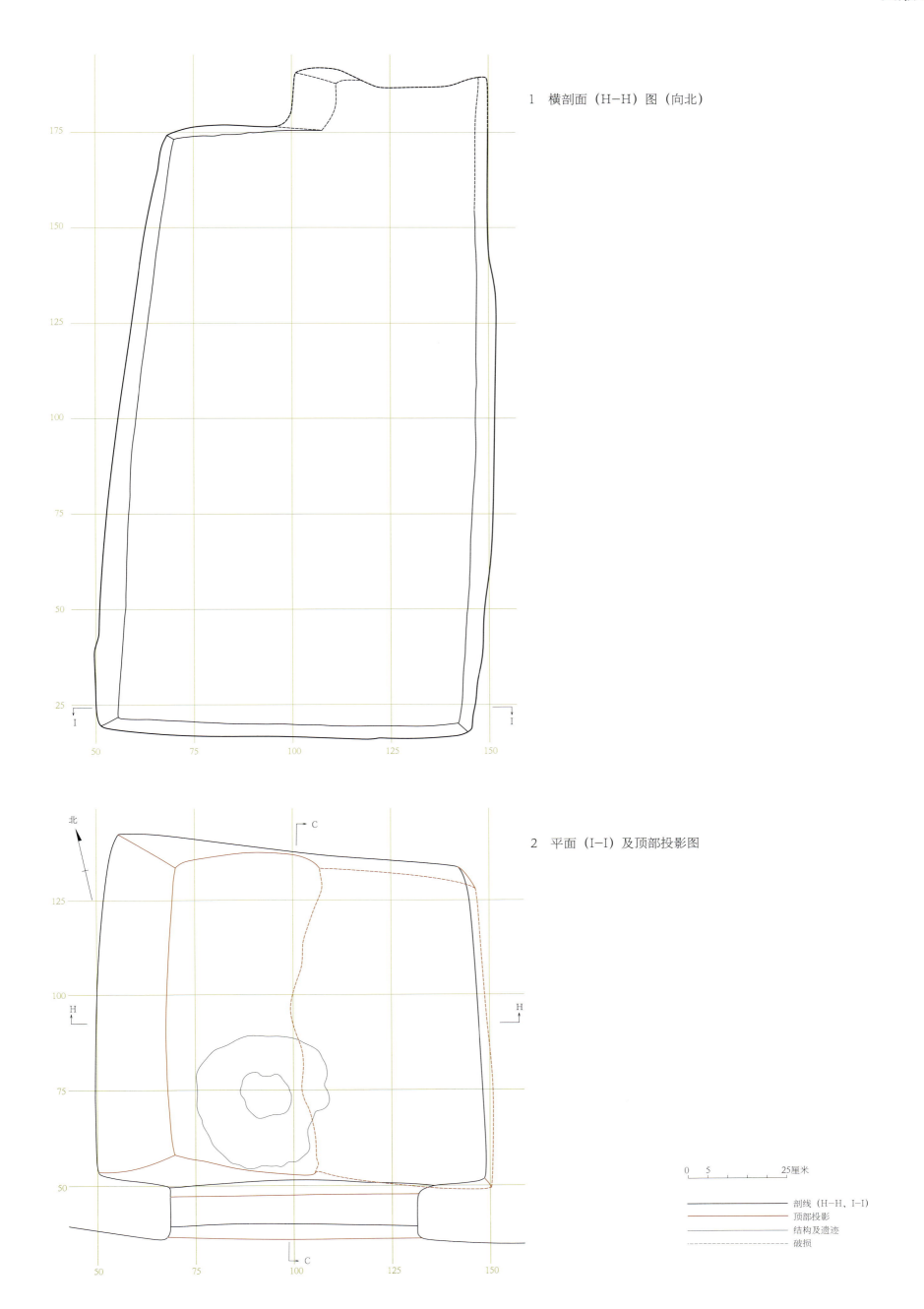

1 横剖面（H-H）图（向北）

2 平面（I-I）及顶部投影图

0 5 25厘米

剖线（H-H、I-I）
顶部投影
结构及遗迹
破损

第270窟平面、横剖面及顶部投影图

1　横剖面（J-J）图（向南）

2　平面（K-K）及顶部投影图

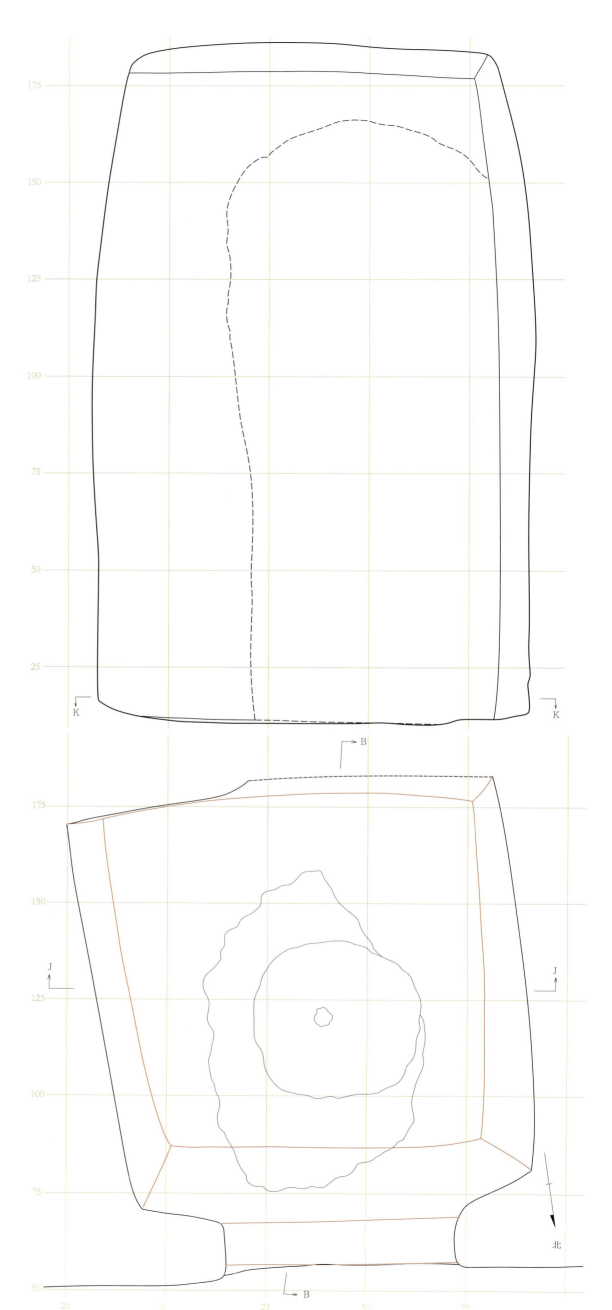

0　5　　　　　25厘米

━━━━━　剖线（J-J、K-K）
━━━━━　顶部投影
━━━━━　结构及遗迹
╌╌╌╌╌　破损

第267窟平面、横剖面及顶部投影图

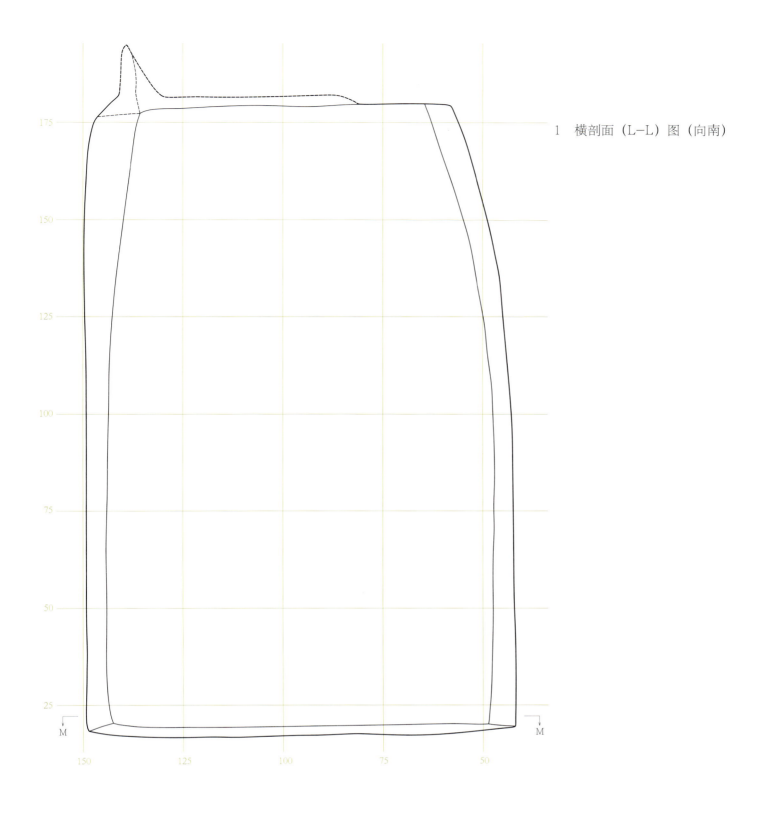

1 横剖面（L–L）图（向南）

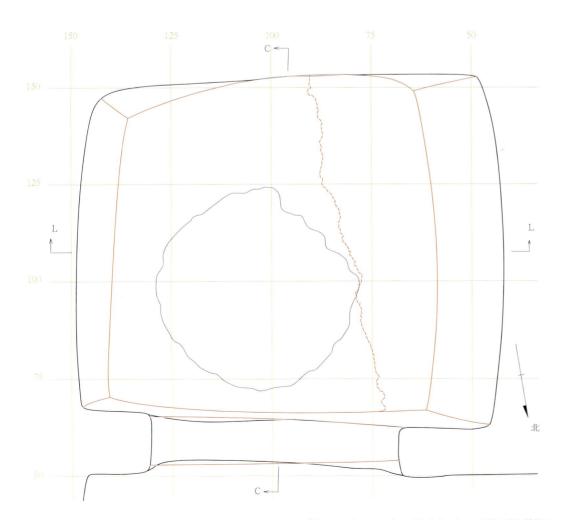

2 平面（M–M）及顶部投影图

北

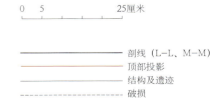

剖线（L–L、M–M）
顶部投影
结构及遗迹
破损

第269窟平面、横剖面及顶部投影图

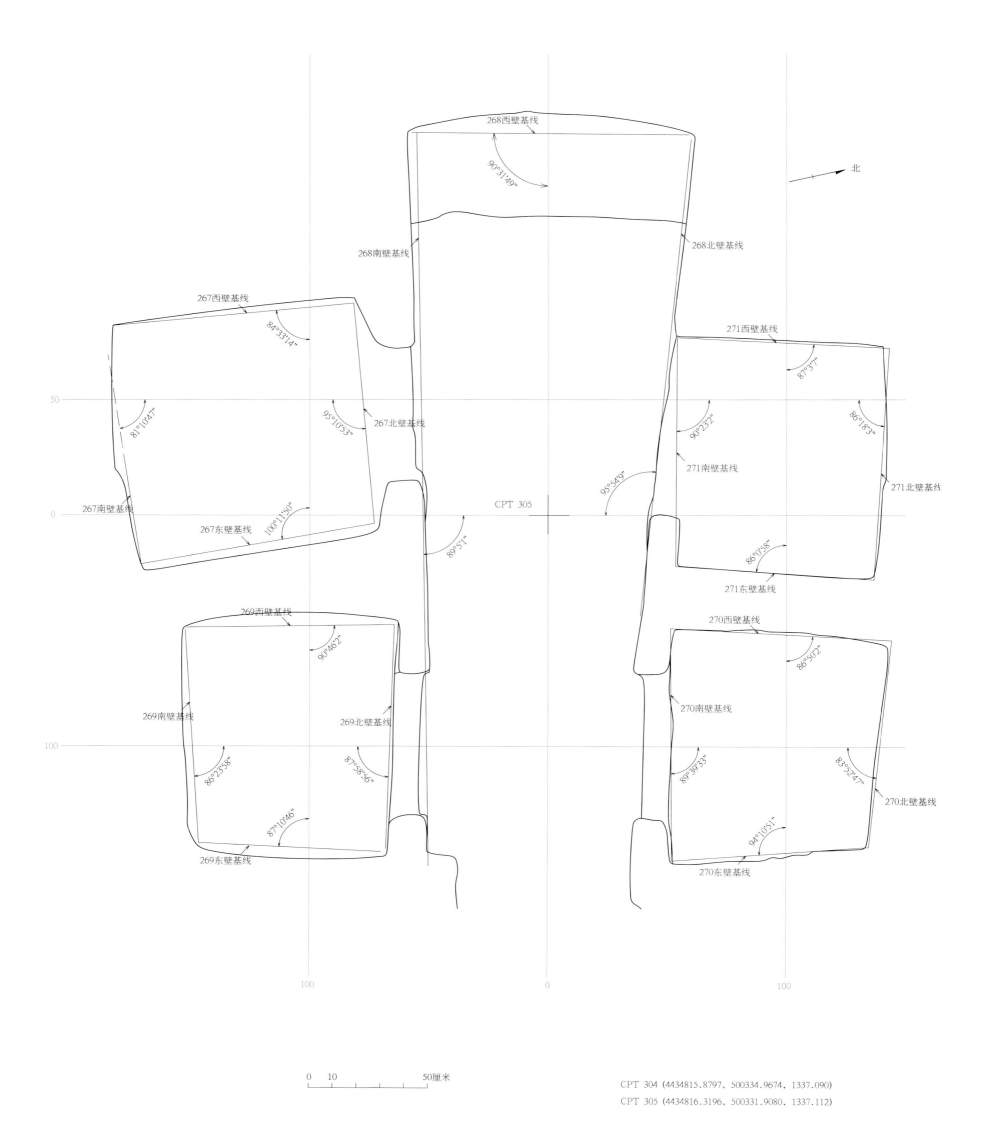

268西壁基线

90°31'49"

北

268南壁基线

268北壁基线

267西壁基线

84°33'14"

271西壁基线

87°3'7"

86°18'3"

50

81°10'47"

95°10'53"

267北壁基线

90°2'32"

271南壁基线

95°54'9"

271北壁基线

CPT 305

0

267南壁基线

267东壁基线

100°11'50"

86°0'58"

271东壁基线

89°51'

269西壁基线

90°46'2"

270西壁基线

86°50'2"

269南壁基线

269北壁基线

270南壁基线

100

86°23'58"

87°58'56"

89°39'33"

83°52'47"

270北壁基线

87°10'46"

94°10'51"

269东壁基线

270东壁基线

100

0

100

0    10          50厘米

CPT 304 (4434815.8797, 500334.9674, 1337.090)
CPT 305 (4434816.3196, 500331.9080, 1337.112)

CPT 304

第268窟平立面关系图

结构及塑像轮廓
壁画及塑像细部
破损
晕染
宋代（？）重修

0 　5 　　　　25厘米

第268窟西壁立面图

_____ 结构及塑像轮廓

_____ 壁画及塑像细部

------------ 破损

0    5              25厘米

第268窟西壁龛内展开图

第268窟北壁立面图（第一层）

结构
壁画
破损

50厘米

0 10

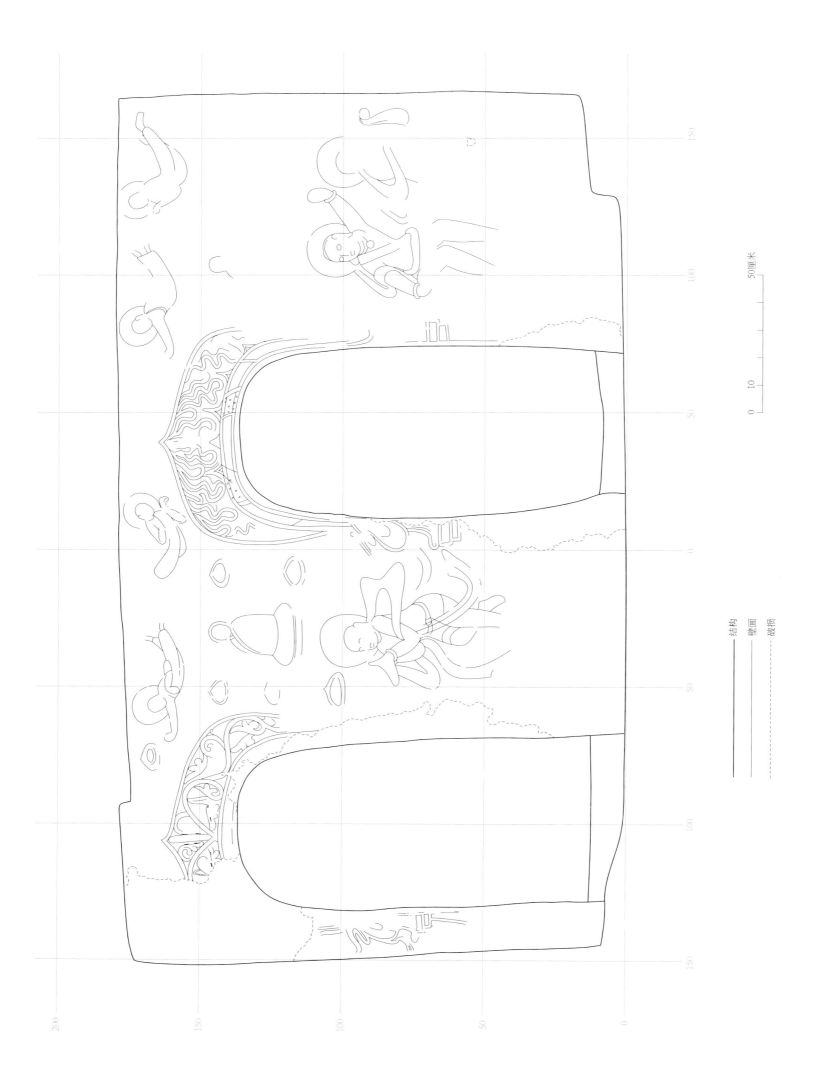

第268窟南壁立面图（第一层）

结构
壁画
破损

50厘米

第268窟窟顶仰视图

第268窟北壁立面图（第二层）

结构
壁画
破损

50厘米

0  10  50

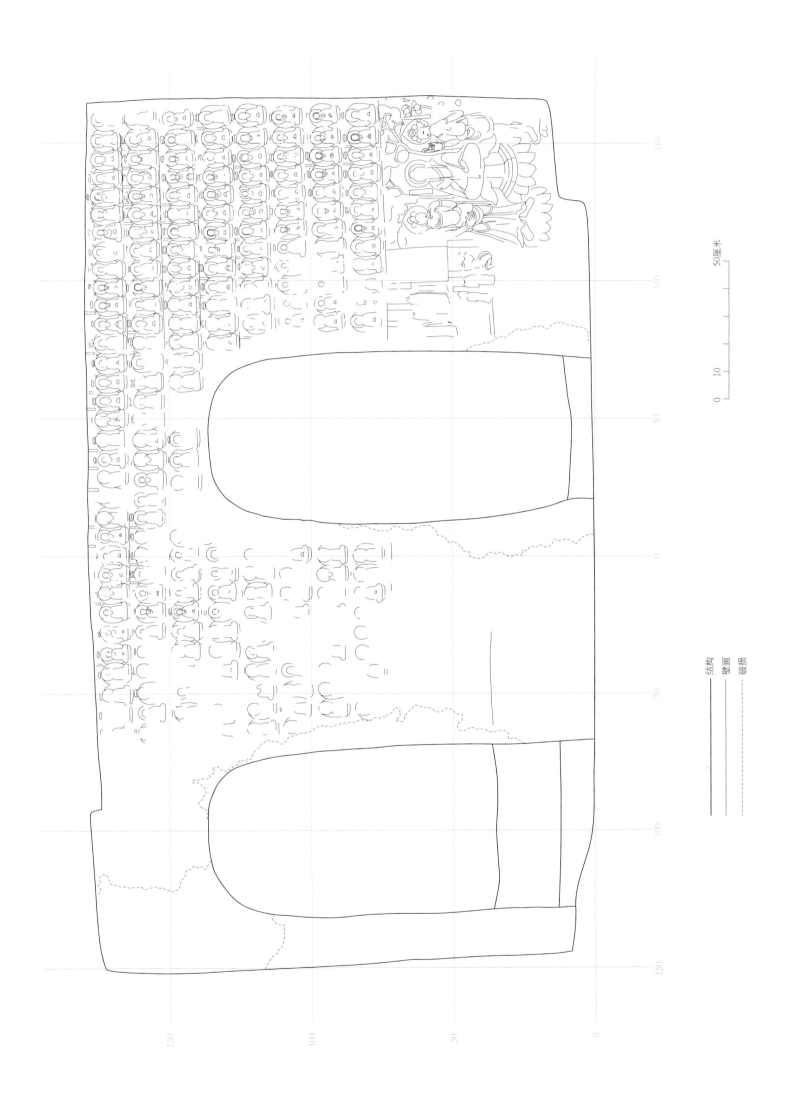

第268窟南壁立面图（第二层）

50厘米

结构
壁画
破损

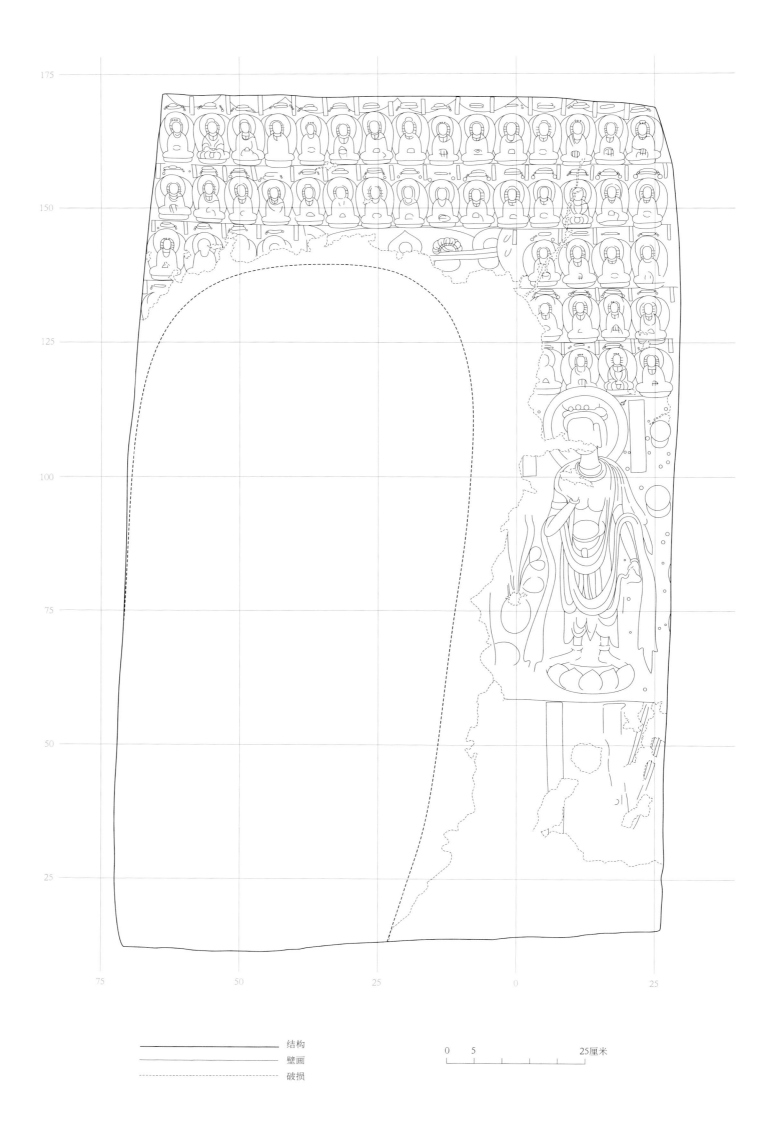

第271窟北壁立面图

第271窟东壁立面图

结构
壁画
破损

0　5　　　25厘米

结构

壁画

破损

0  5       25厘米

第271窟西壁立面图

第271窟南壁立面图

结构
壁画
破损

0　5　　　　　25厘米

1　第271窟顶部仰视图

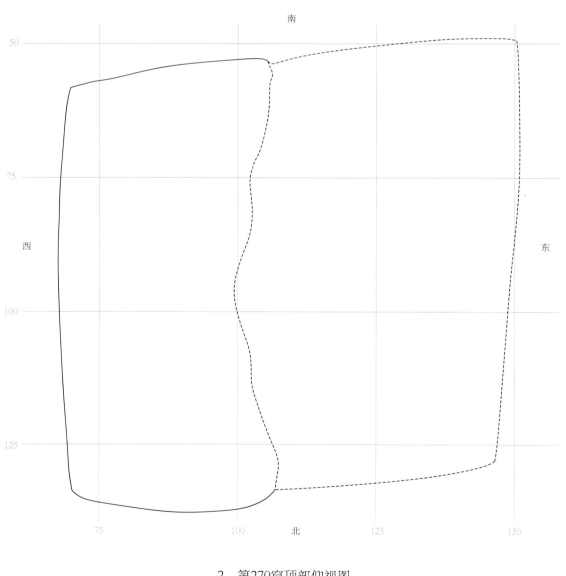

2　第270窟顶部仰视图

第271、270窟顶部仰视图

结构
壁画
破损

0 5 25厘米

第270窟北壁立面图

结构
壁画
破损

0 5 25厘米

第270窟东壁立面图

第270窟西壁立面图

结构
壁画
破损
弹线

0 5 25厘米

第270窟西壁立面图

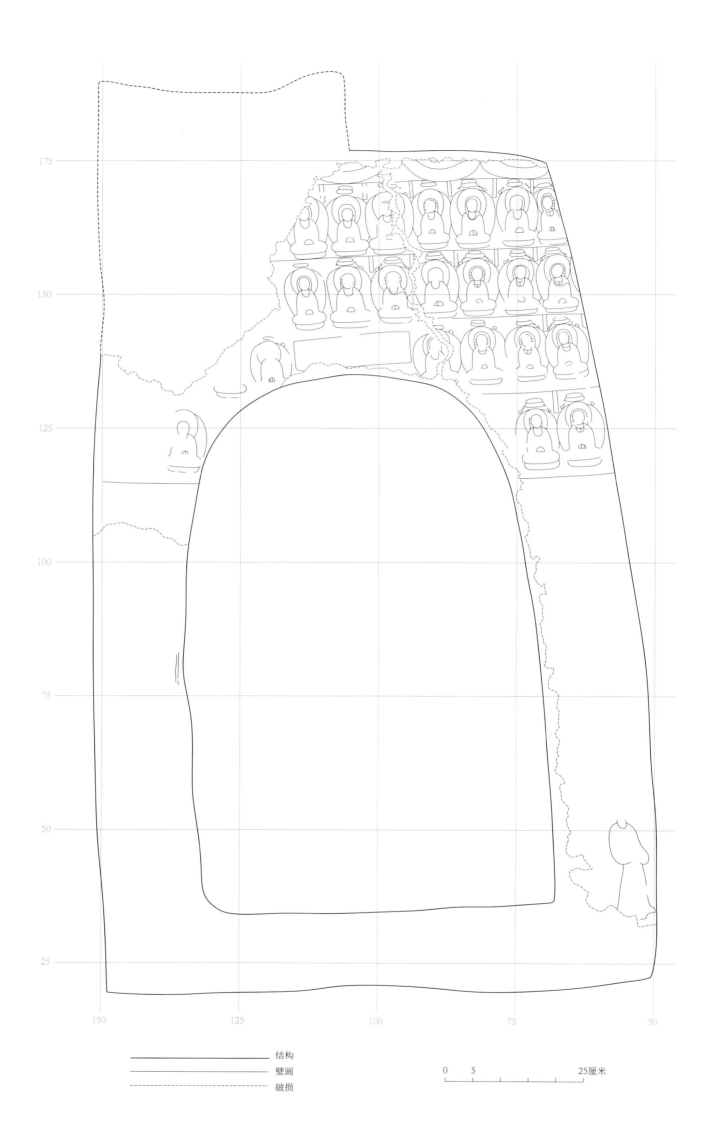

结构
壁画
破损

0    5        25厘米

第270窟南壁立面图

第267窟南壁立面图

结构
壁画
破损

0    5         25厘米

第267窟南壁立面图

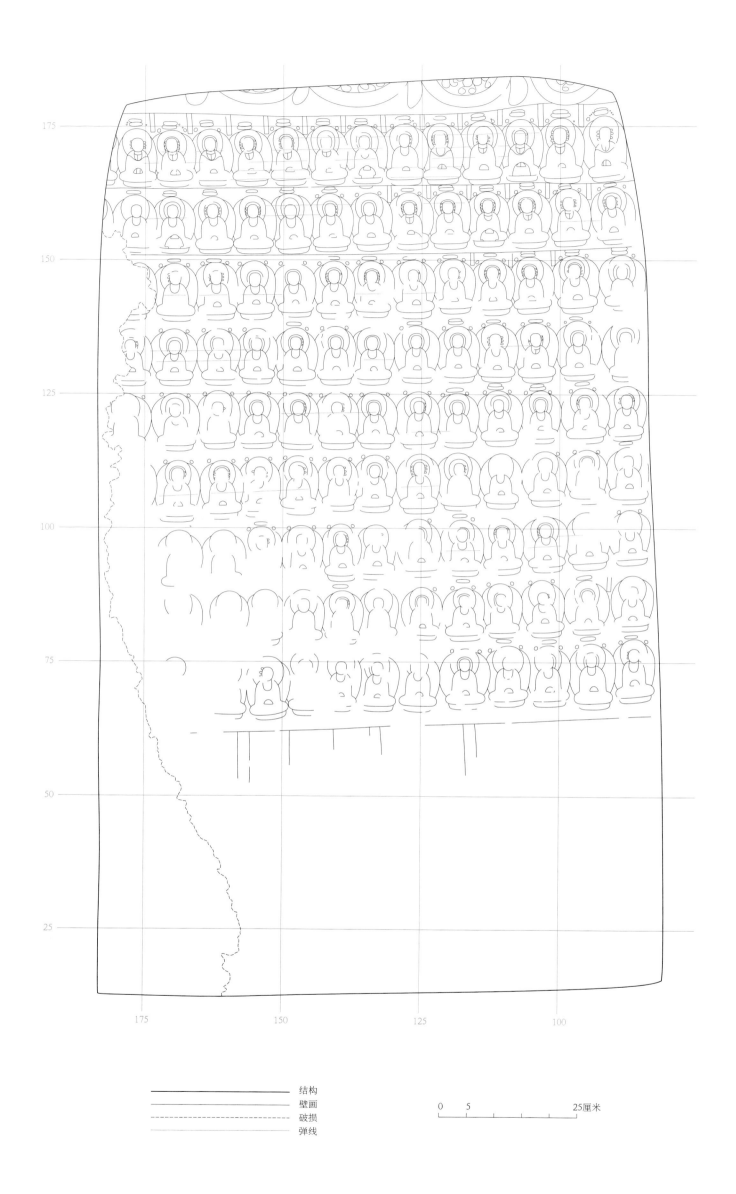

| | | |
|---|---|---|
| ——————— | 结构 | |
| ——————— | 壁画 | |
| ------- | 破损 | |
| ——————— | 弹线 | |

0　5　　　　　　　25厘米

第267窟西壁立面图

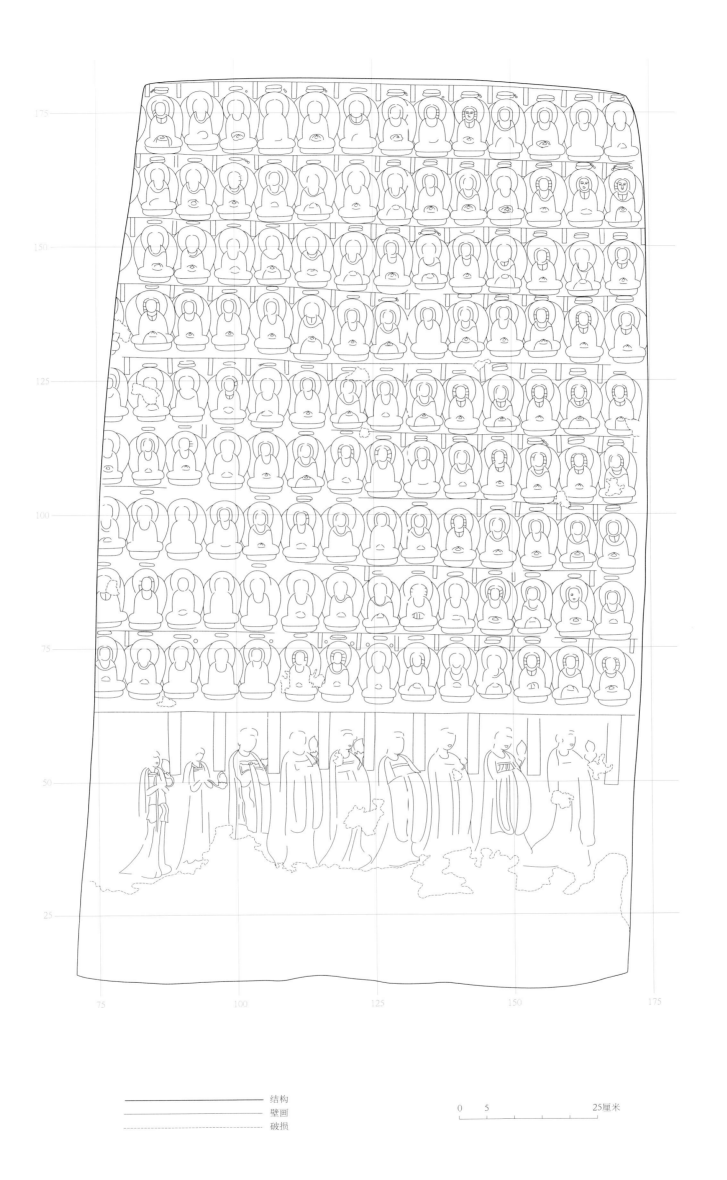

结构
壁画
破损

0 5 25厘米

第267窟东壁立面图

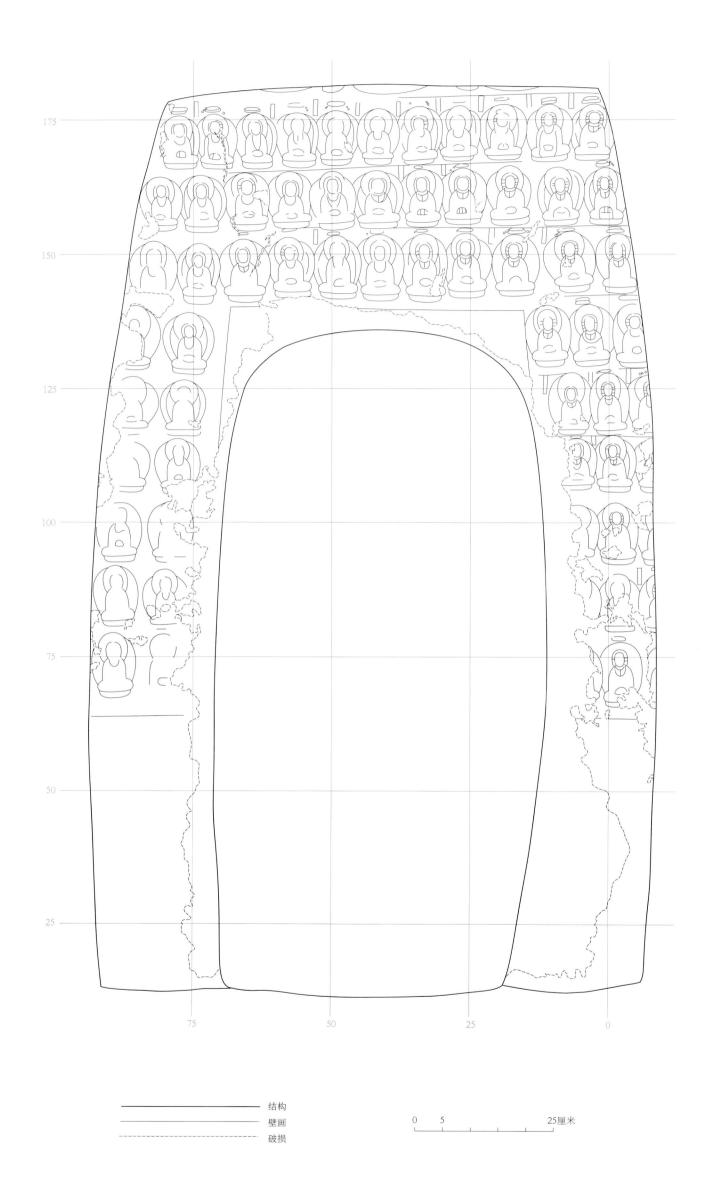

结构
壁画
破损

0 5 25厘米

第267窟北壁立面图

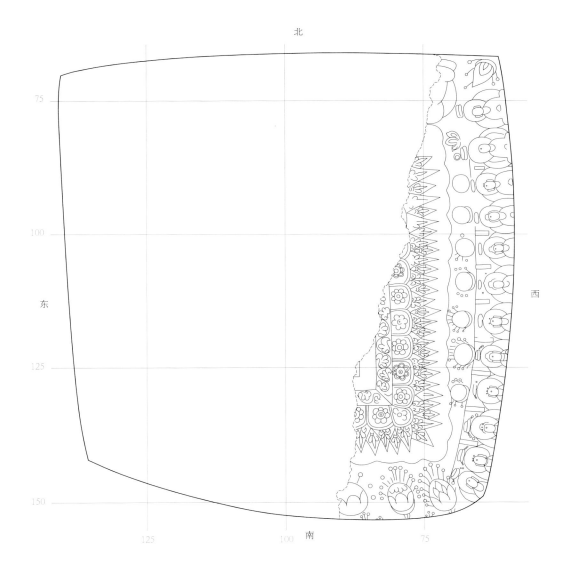

1 第267窟顶部仰视图

2 第269窟顶部仰视图

结构
壁画
破损

第267、269窟顶部仰视图

第269窟南壁立面图

结构　　　　　　　　0　5　　　25厘米

壁画

第269窟西壁立面图

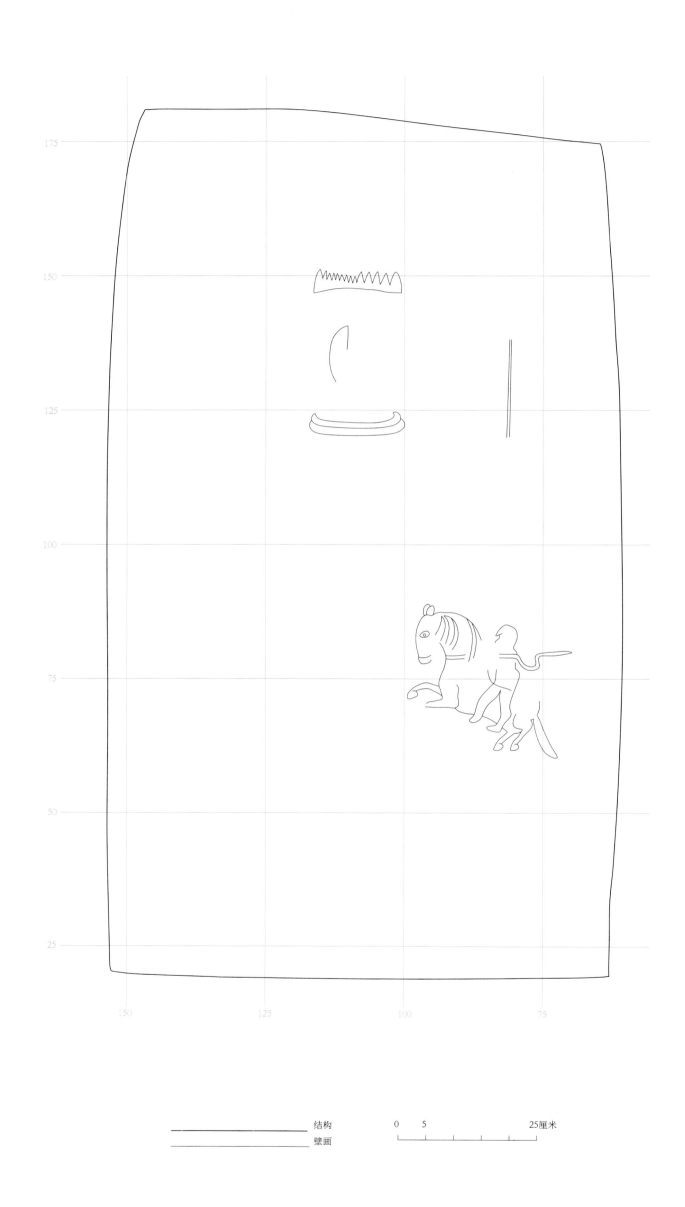

结构

壁画

0 5 25厘米

第269窟西壁立面图（底层）

第269窟东壁立面图

第269窟北壁立面图

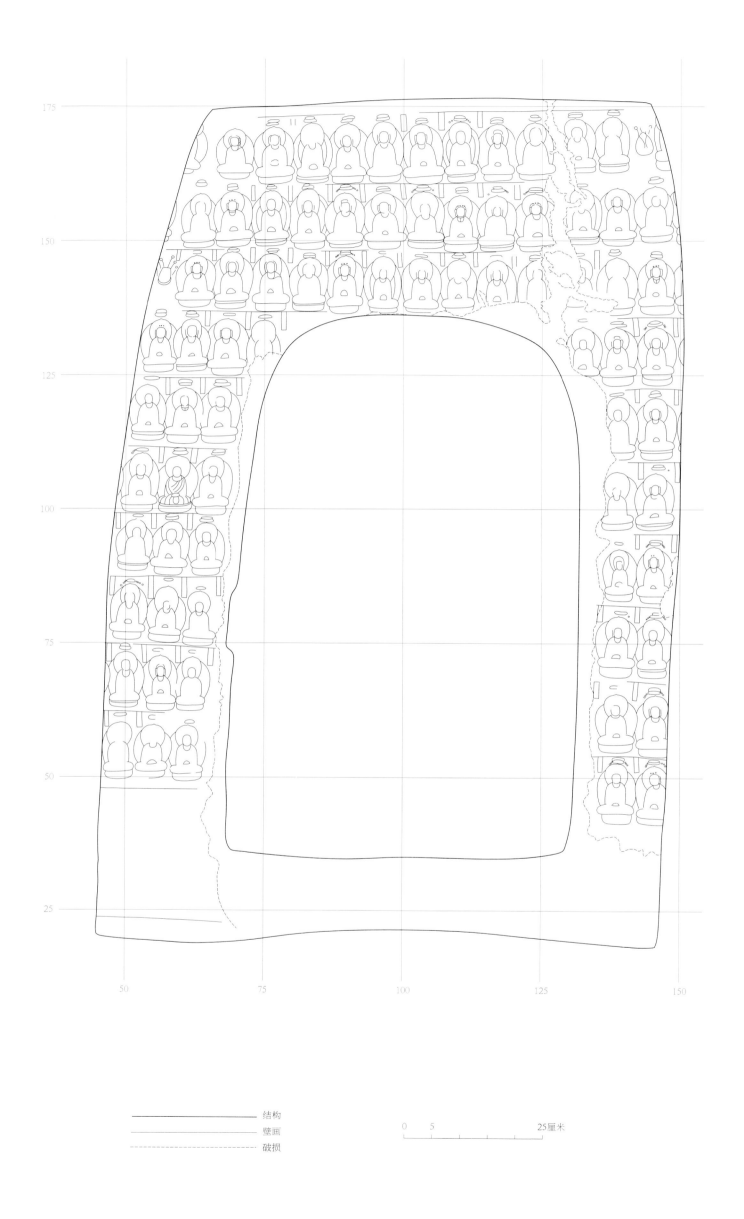

结构
壁画
破损

0  5          25厘米

第269窟北壁立面图

结构及塑像轮廓
塑像细部
破损

0  10        50厘米

第272窟外立面图

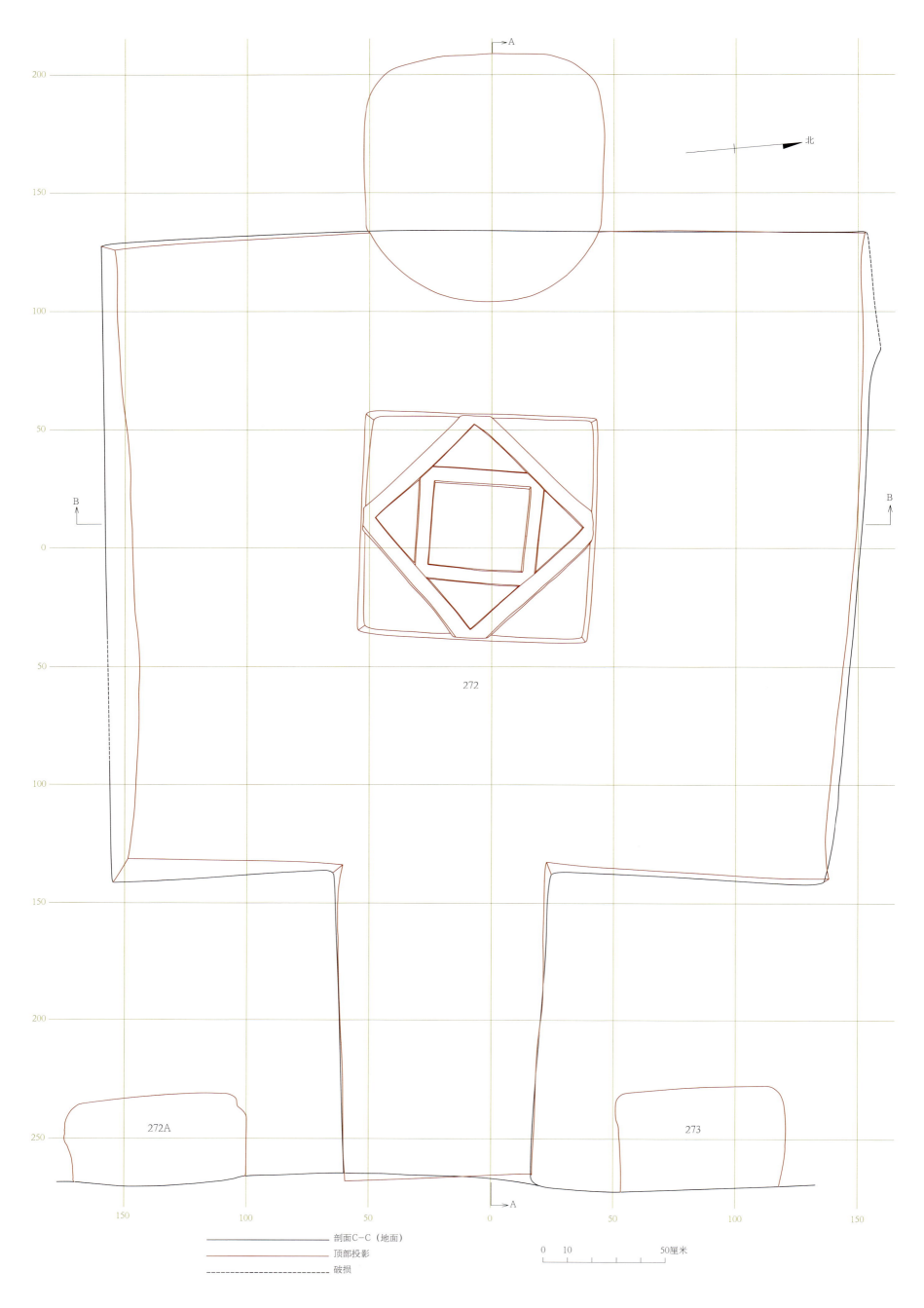

200

150

→A

北

100

B                                                                    B

50

0

272

50

100

150

200

272A                                                              273

250

—————— 剖面C−C（地面）
—————— 顶部投影
— — — — 破损

0  10        50厘米

第272窟平面（C−C）及顶部、窟外附龛投影图

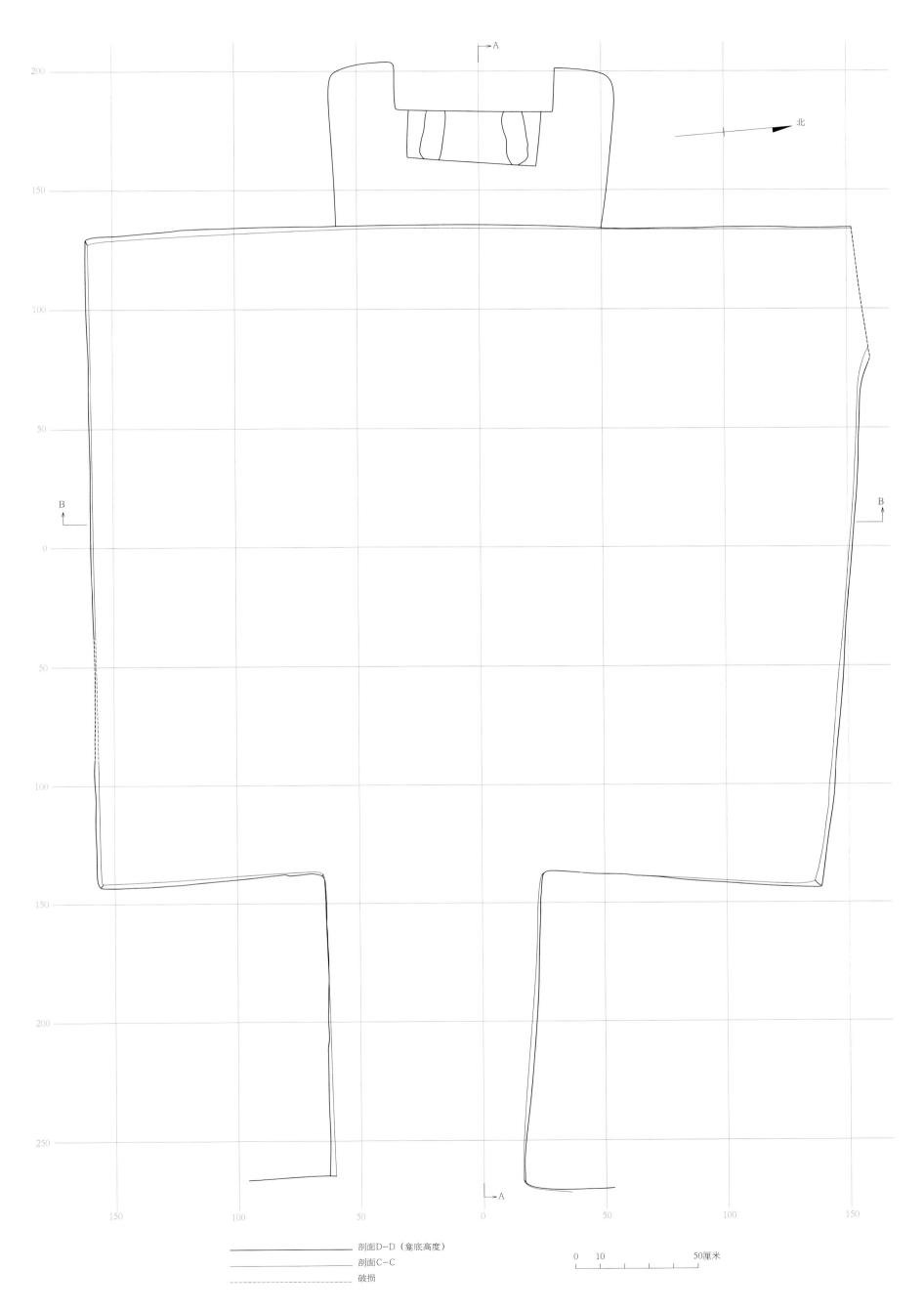

剖面D-D（龛底高度）
剖面C-C
破损

0　10　　　　50厘米

第272窟平面（D-D、C-C）图

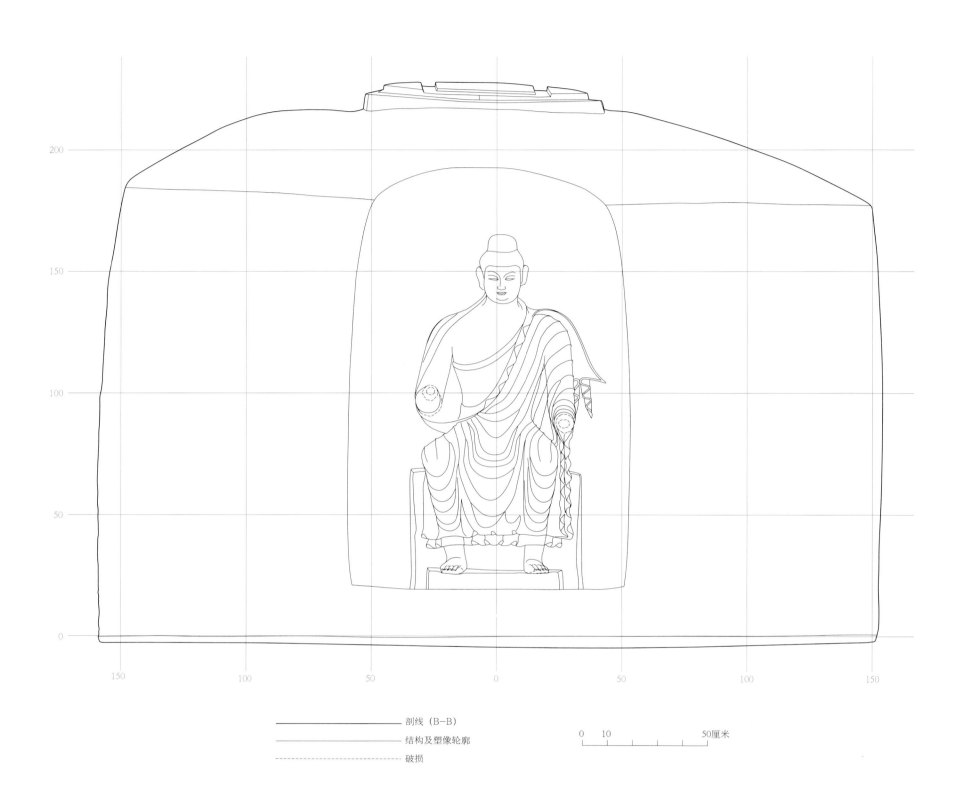

第272窟横剖面（B-B）图（向西）

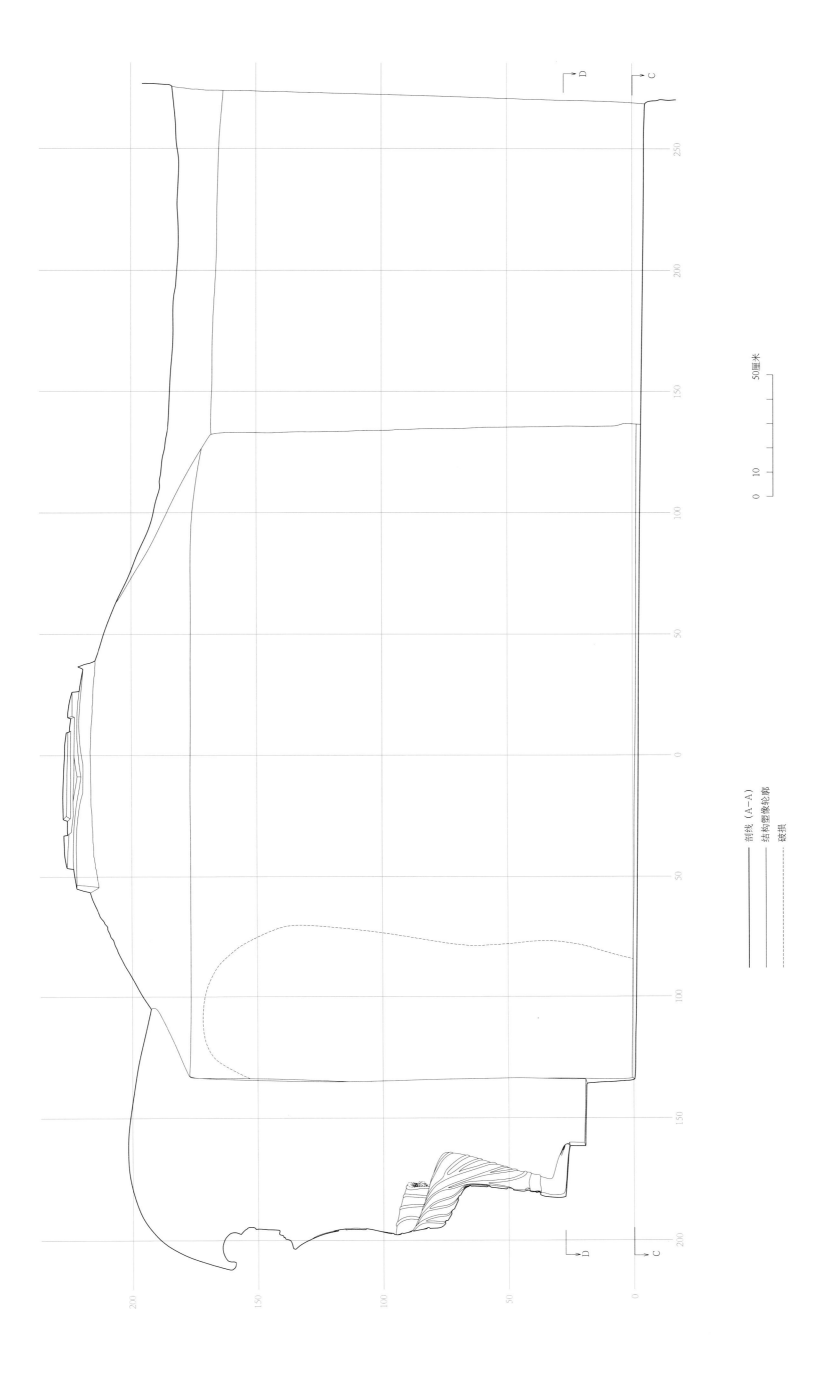

第272窟纵剖面（A－A）图（向北）

剖线（A－A）
结构塑像轮廓
破损

50厘米

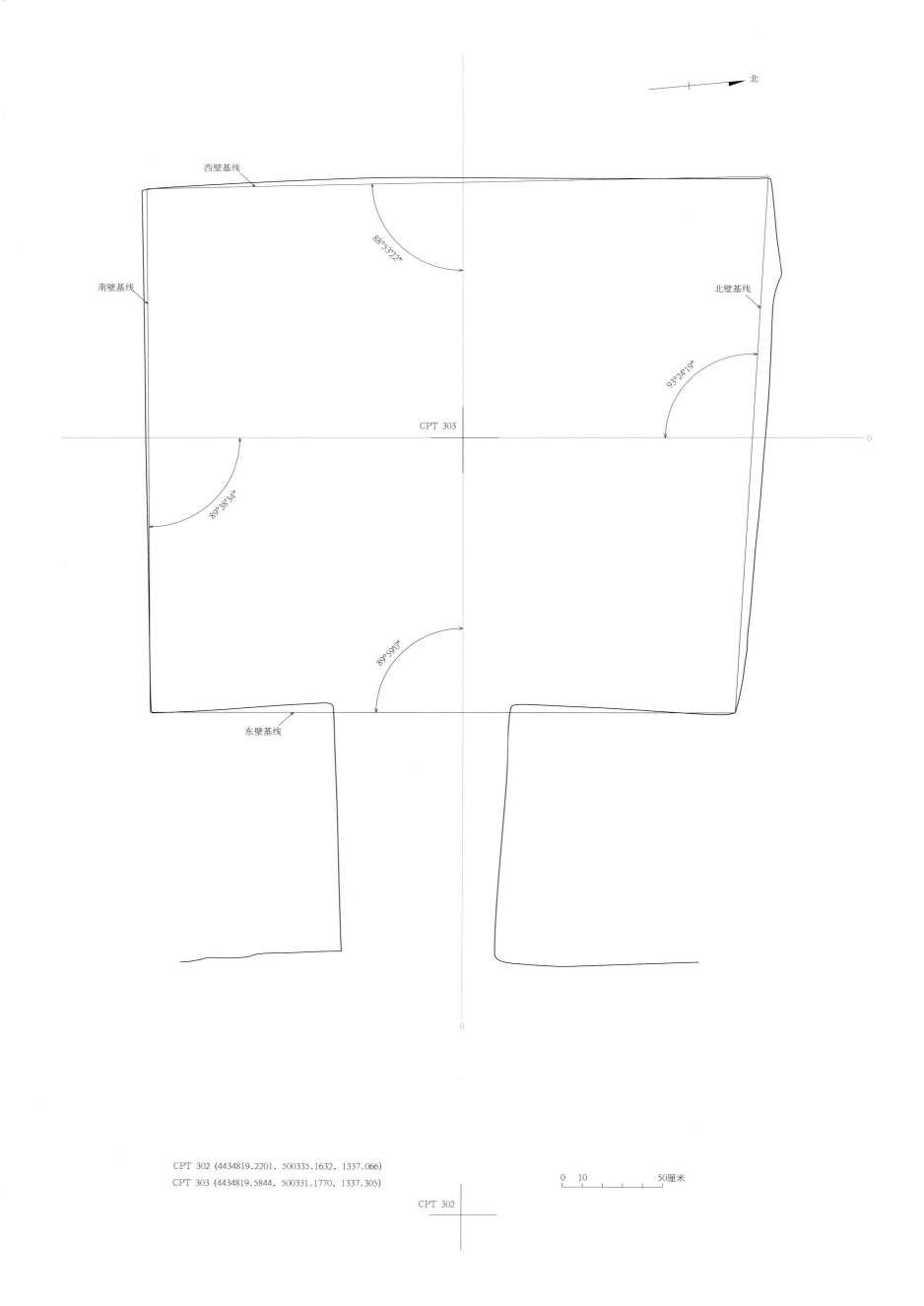

西壁基线

南壁基线

88°53'22"

北壁基线

93°24'19"

CPT 303

89°38'34"

89°59'00"

东壁基线

CPT 302 (4434819.2201，500335.1632，1337.066)
CPT 303 (4434819.5844，500331.1770，1337.305)

0  10          50厘米

CPT 302

北

第272窟平立面关系图

第272窟西壁立面图（第一层）

结构反映塑像轮廓
壁画反映塑像细部
破损
暴块
近现代重修

50厘米

第272窟西壁内展开图（第一层）

结构及塑像轮廓 ———————— 壁画及塑像细部 ————
晕染 ———— 破损 ········

0  5        25厘米

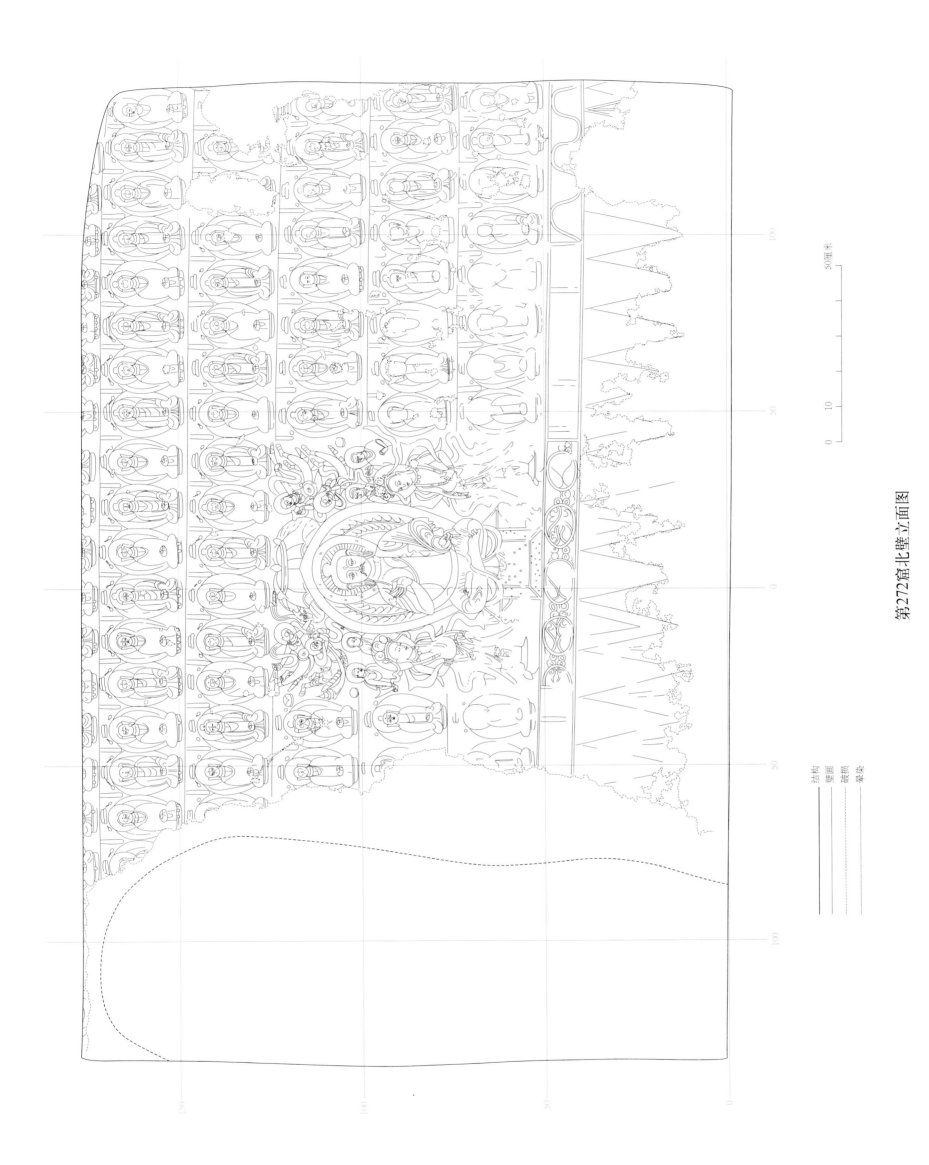

第272窟北壁立面图

50厘米

结构
壁画
破损
幕朵

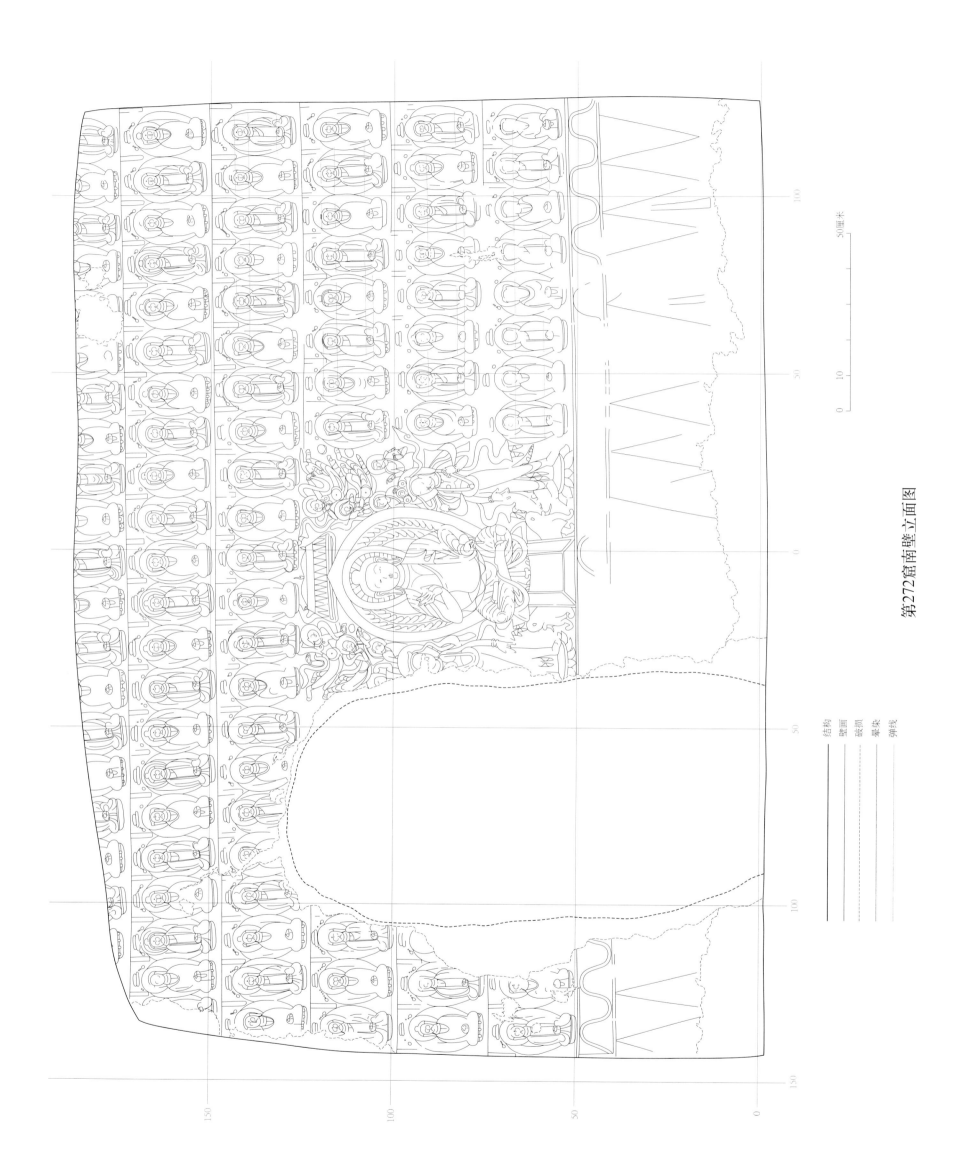

第272窟南壁立面图

结构
壁画
破损
霉斑
弹线

50厘米

0 10 50

第272窟东壁立面图

50厘米

0　10　50

结构
壁画
破损
晕染

东

南

西

结构
壁画
破损
晕染

0　10　　　　　50厘米

第272窟窟顶仰视图

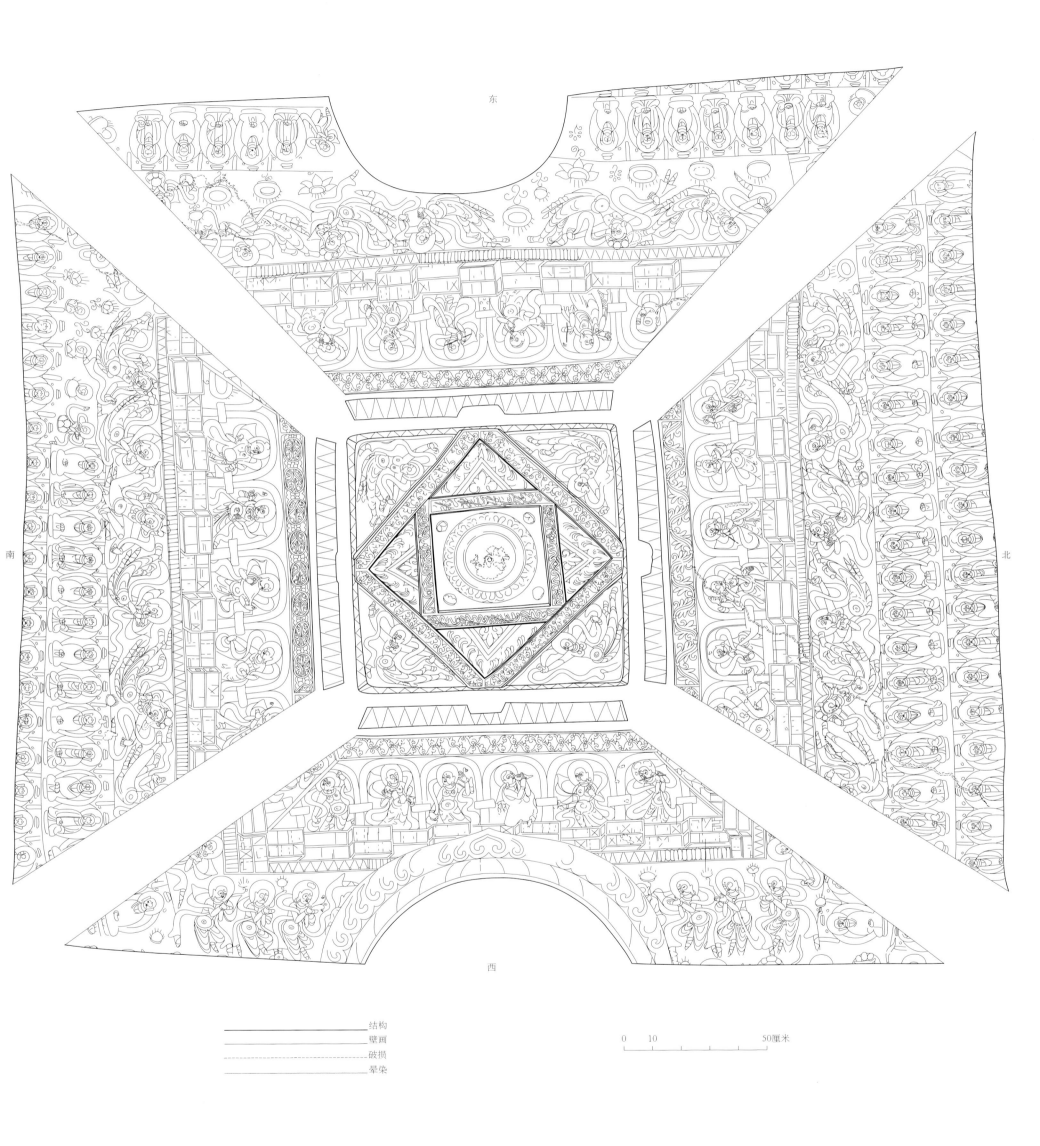

东

南

北

西

结构
壁画
破损
晕染

0    10                50厘米

第272窟窟顶展开图

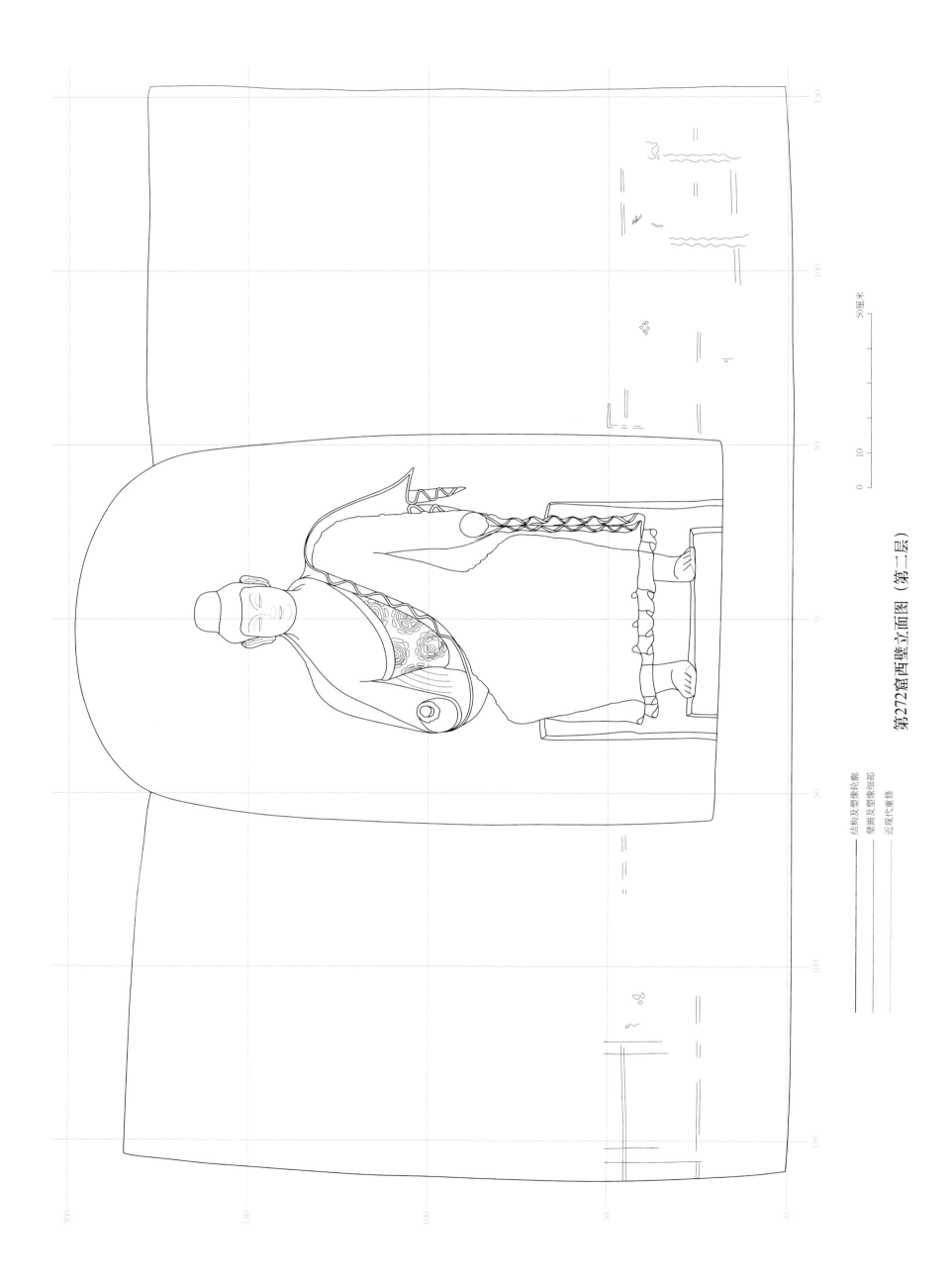

第272窟西壁立面图（第二层）

50厘米

0 10

——— 结构及塑像轮廓
——— 壁画及塑像细部
——— 近现代重修

第272窟西壁内展开图（第二层）

结构及塑像轮廓
壁画及塑像细部
破损

0  5        25厘米

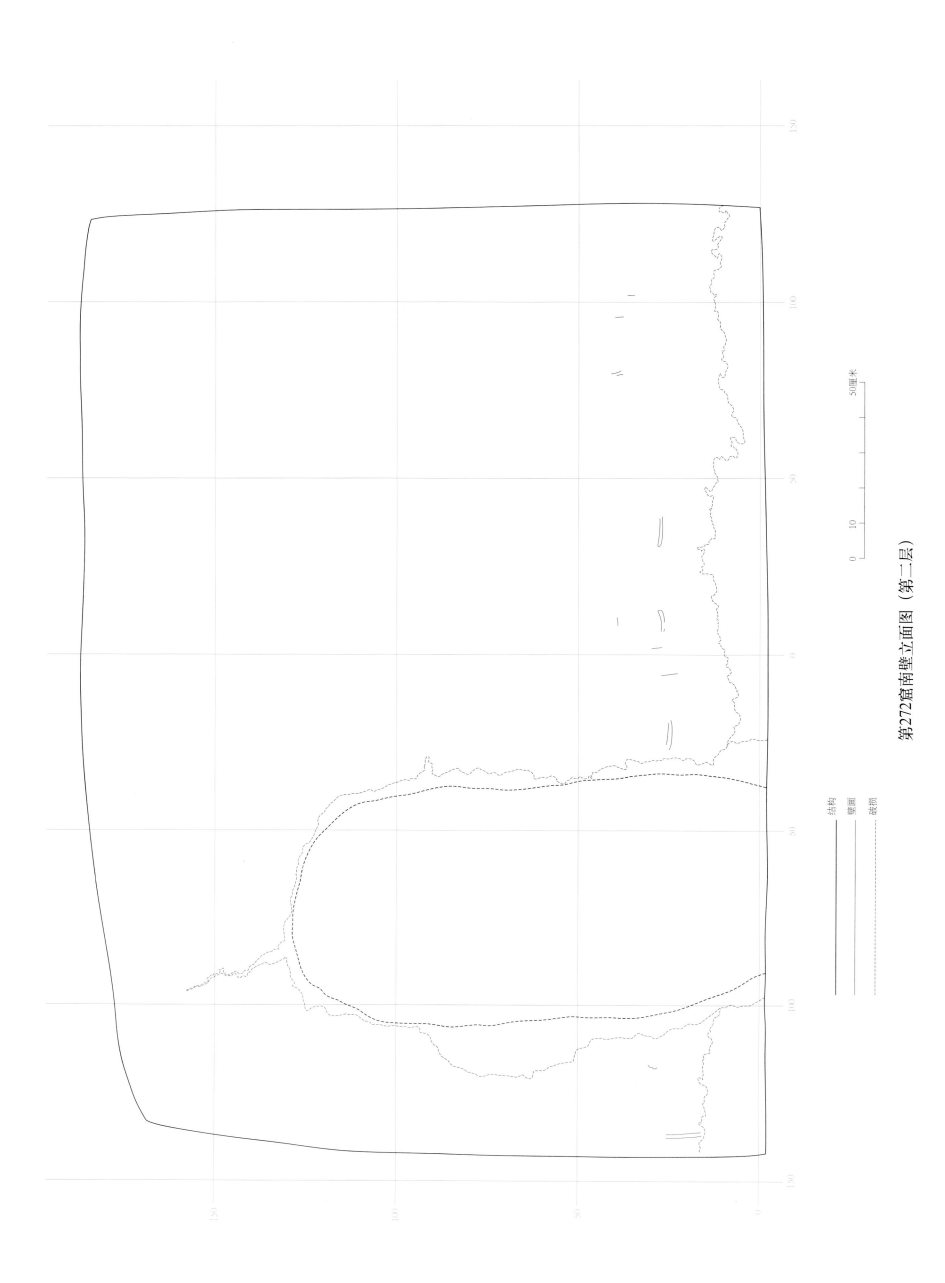

第272窟南壁立面图（第二层）

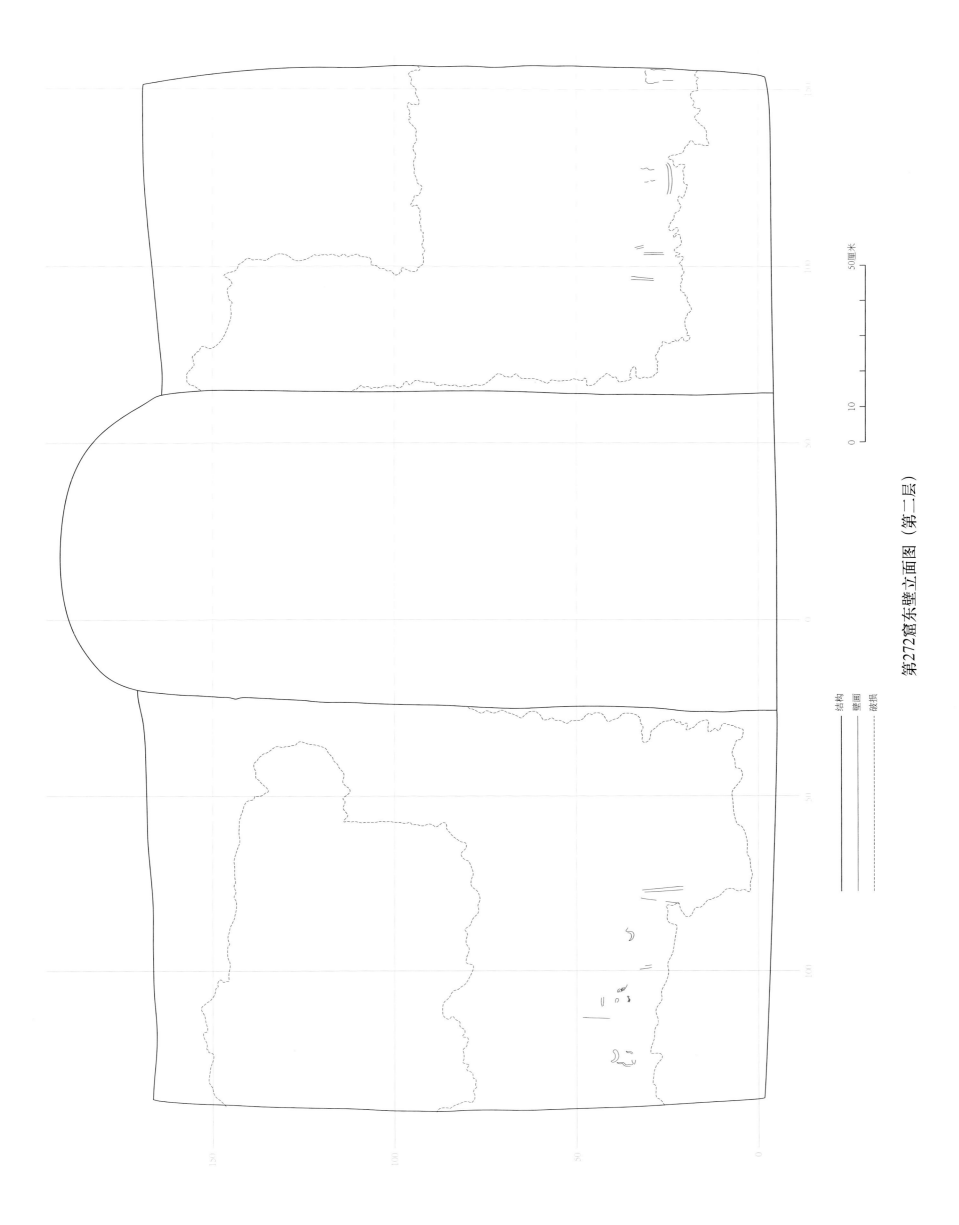

第272窟东壁立面图（第二层）

结构
壁画
破损

50厘米

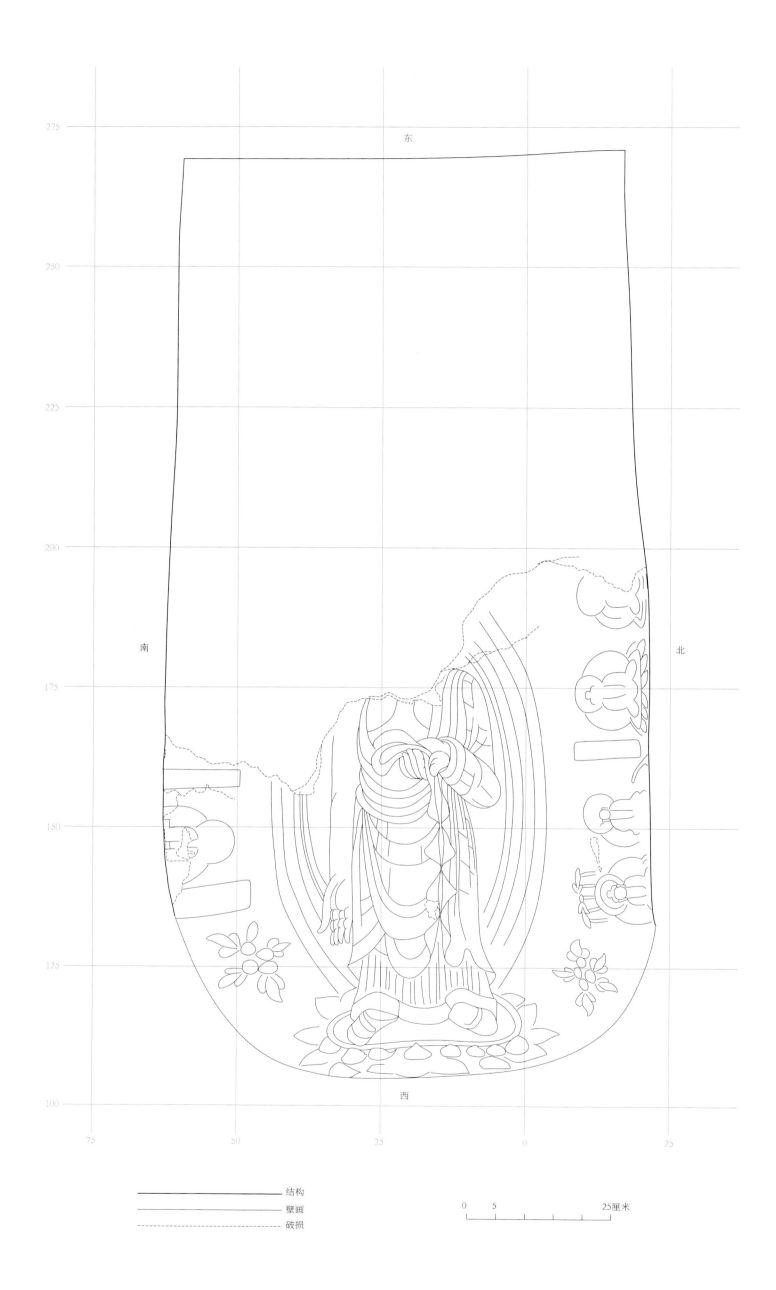

第272窟甬道顶部仰视图

2 甬道北壁立面图

1 甬道南壁立面图

第272窟甬道南壁、北壁立面图（第二层）

结构
壁画
破损

50厘米

1　第273窟纵剖面（G-G）图（向北）

2　第273窟横剖面（F-F）图（向西）

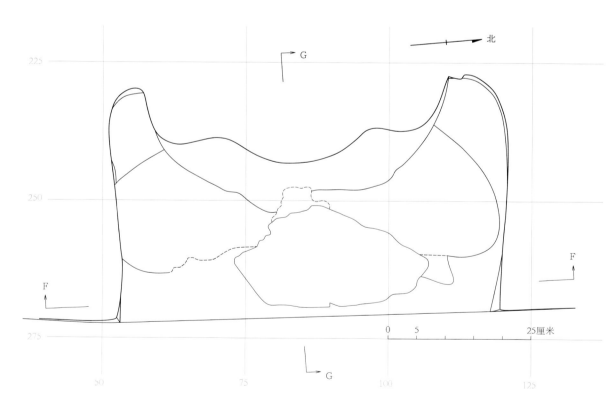

3　第273窟平面（H-H）图

————————　剖线（F-F、G-G、H-H）

————————　结构及塑像轮廓

————————　塑像细部、遗迹

- - - - - - - - 　破损

0　　5　　　　　　25厘米

第273窟平面、剖面图（第二层）

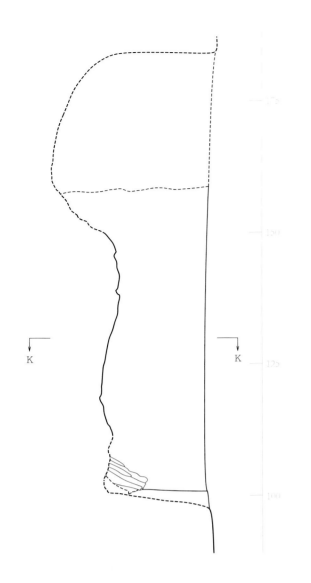

1 第272A窟纵剖面（J-J）图（向北）

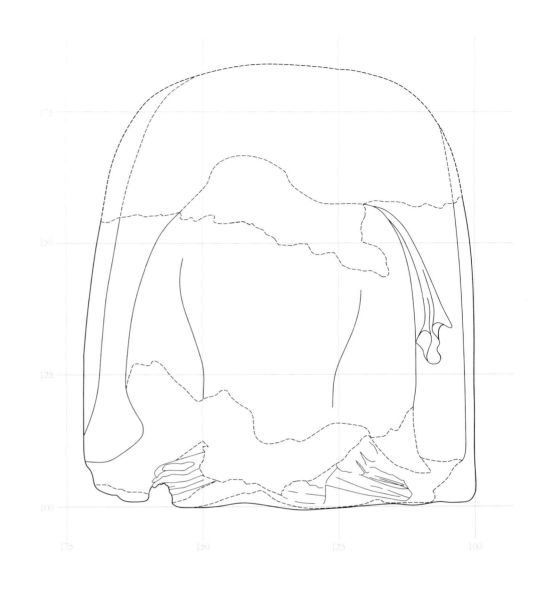

2 第272A窟横剖面（I-I）图（向西）

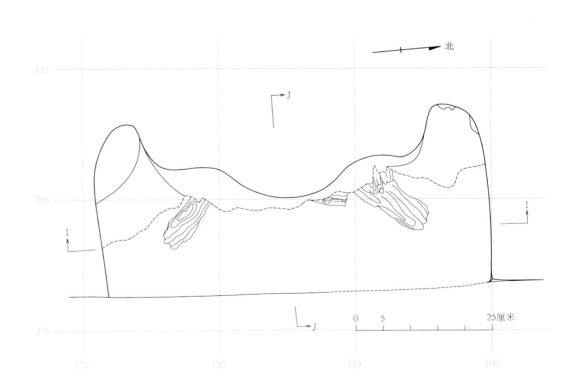

3 第272A窟平面（K-K）图

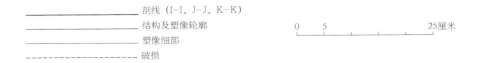

剖线（I-I、J-J、K-K）
结构及塑像轮廓
塑像细部
破损

0 5 25厘米

第272A窟平面、剖面图

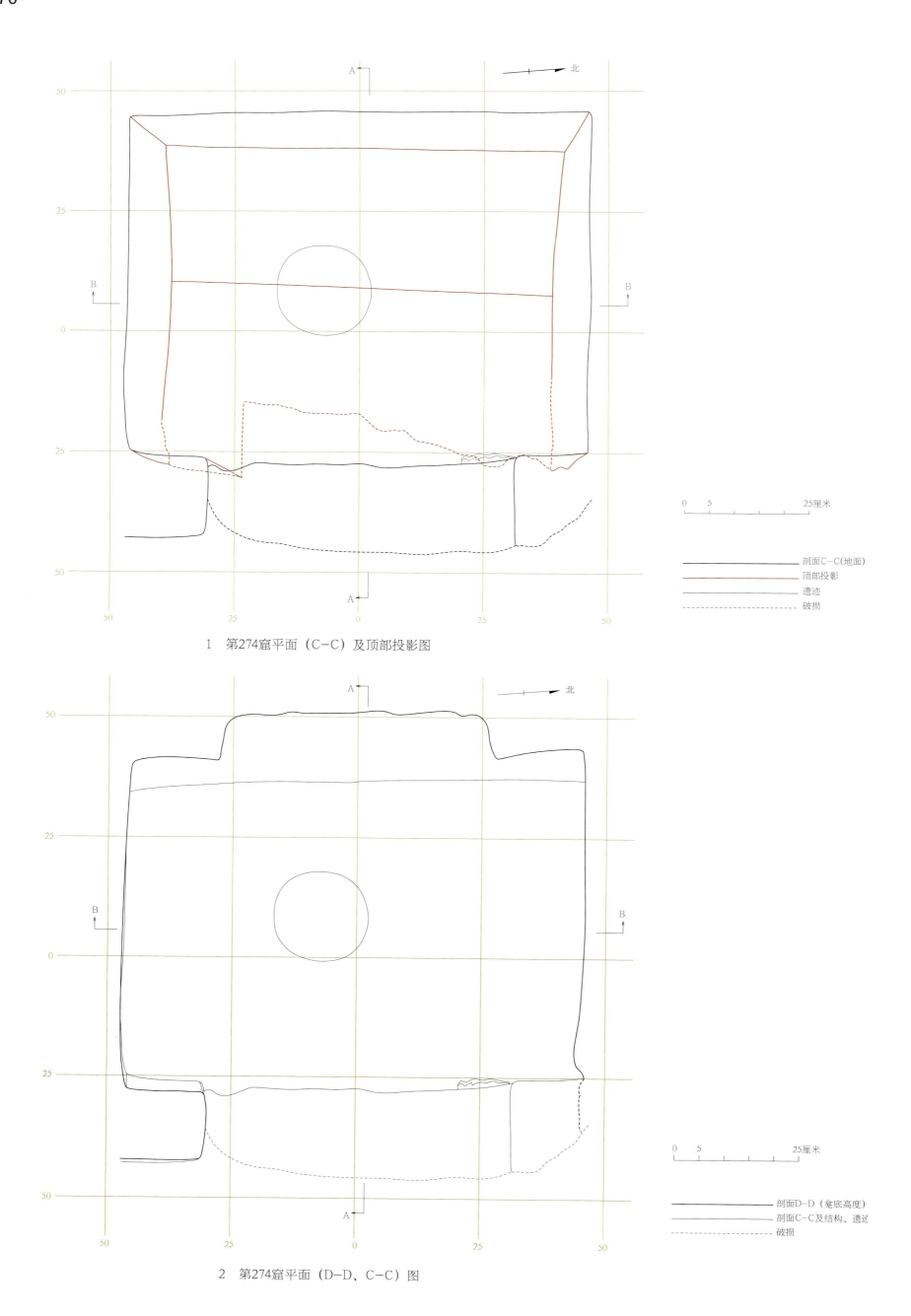

1　第274窟平面（C-C）及顶部投影图

2　第274窟平面（D-D、C-C）图

第274窟平面图

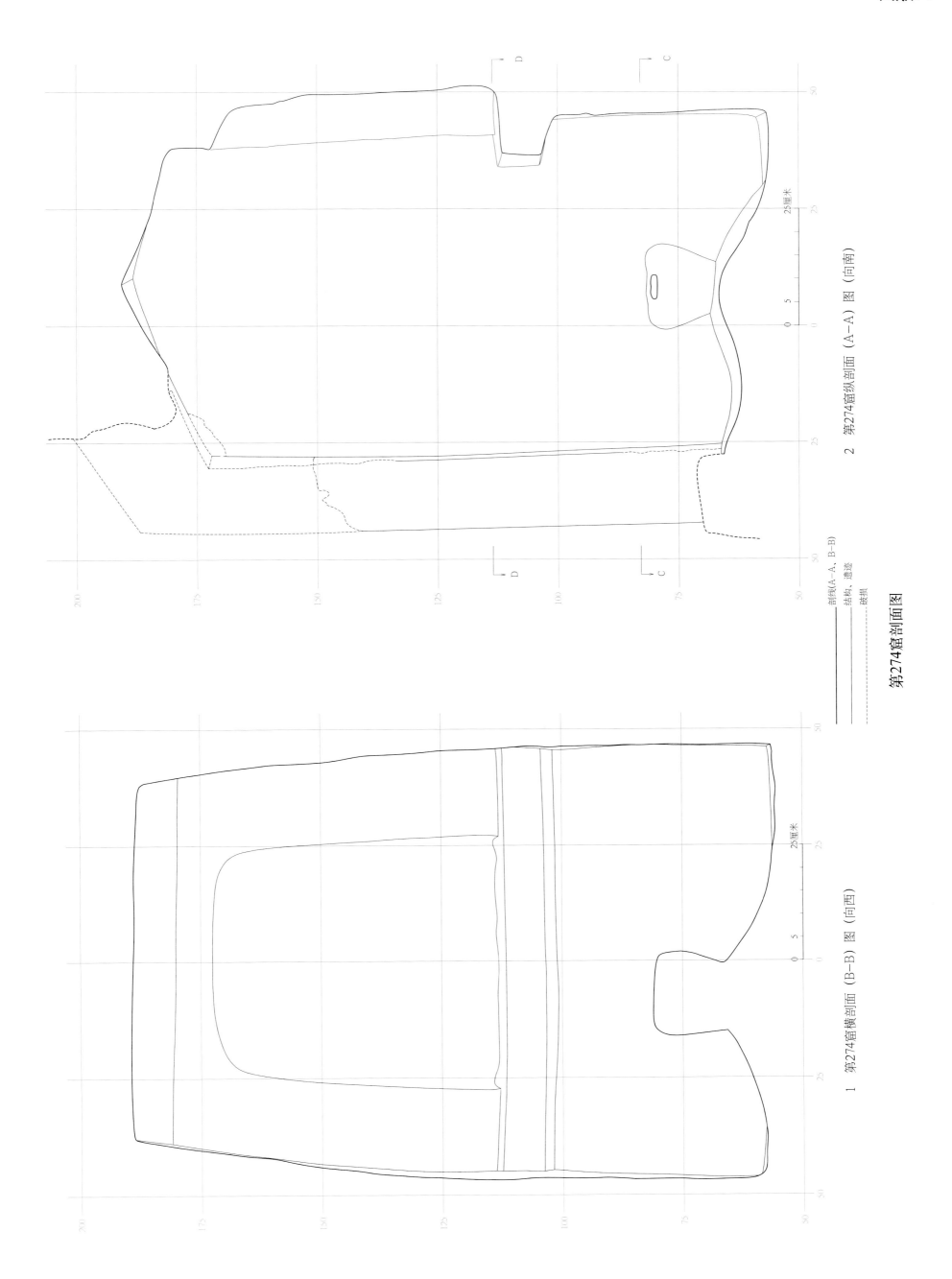

2 第274窟纵剖面 (A-A) 图 (向南)

1 第274窟横剖面 (B-B) 图 (向西)

25厘米

剖线(A-A、B-B)
结构、遗造
破损

第274窟剖面图

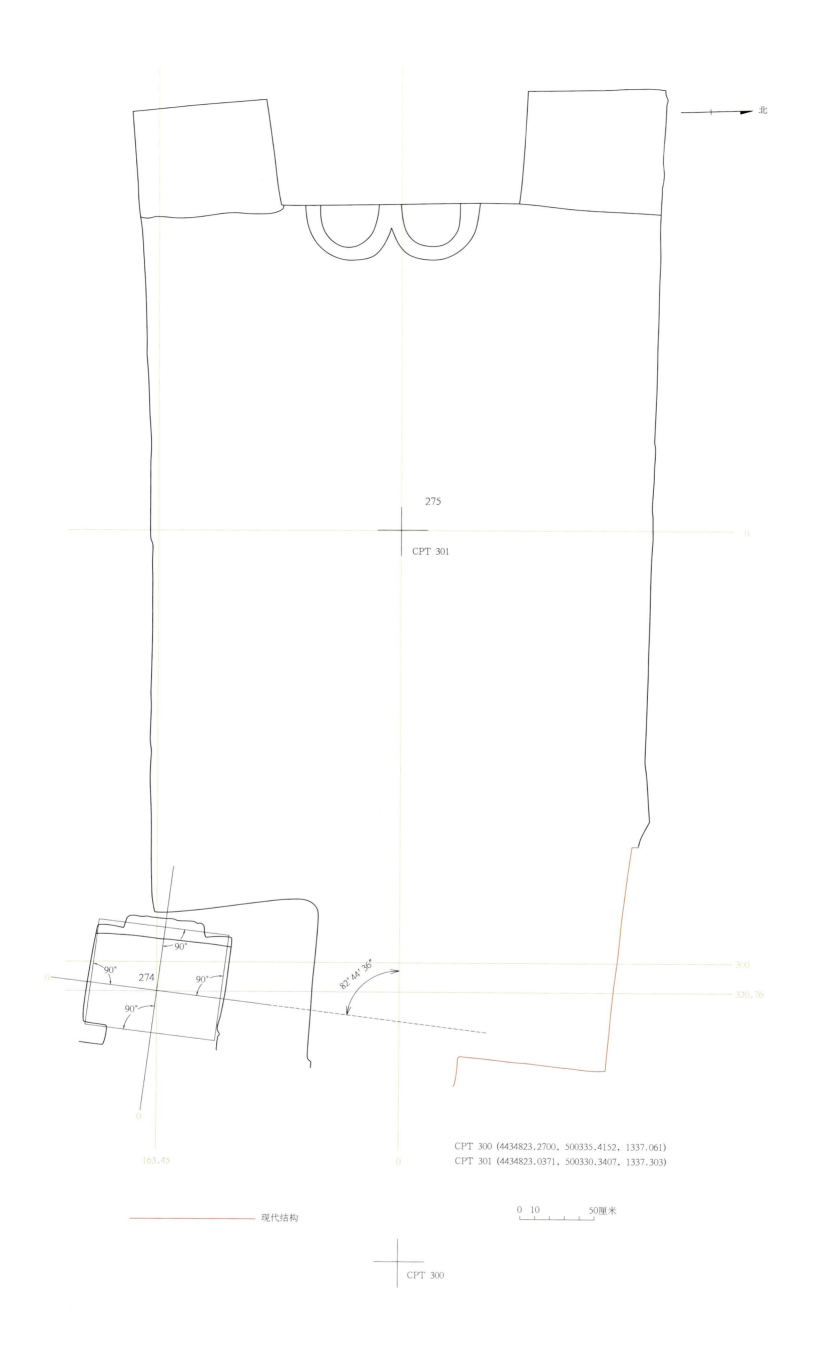

北

275

CPT 301

90°

90°　274　90°

90°

82° 44′ 36″

300

320.76

163.48

CPT 300 (4434823.2700, 500335.4152, 1337.061)
CPT 301 (4434823.0371, 500330.3407, 1337.303)

现代结构

0　10　　　　50厘米

CPT 300

第274窟平立面关系图

结构
壁画
破损

0  5  25厘米

第274窟西壁立面图

壁画

破损

0    5    25厘米

第274窟西壁龛内展开图

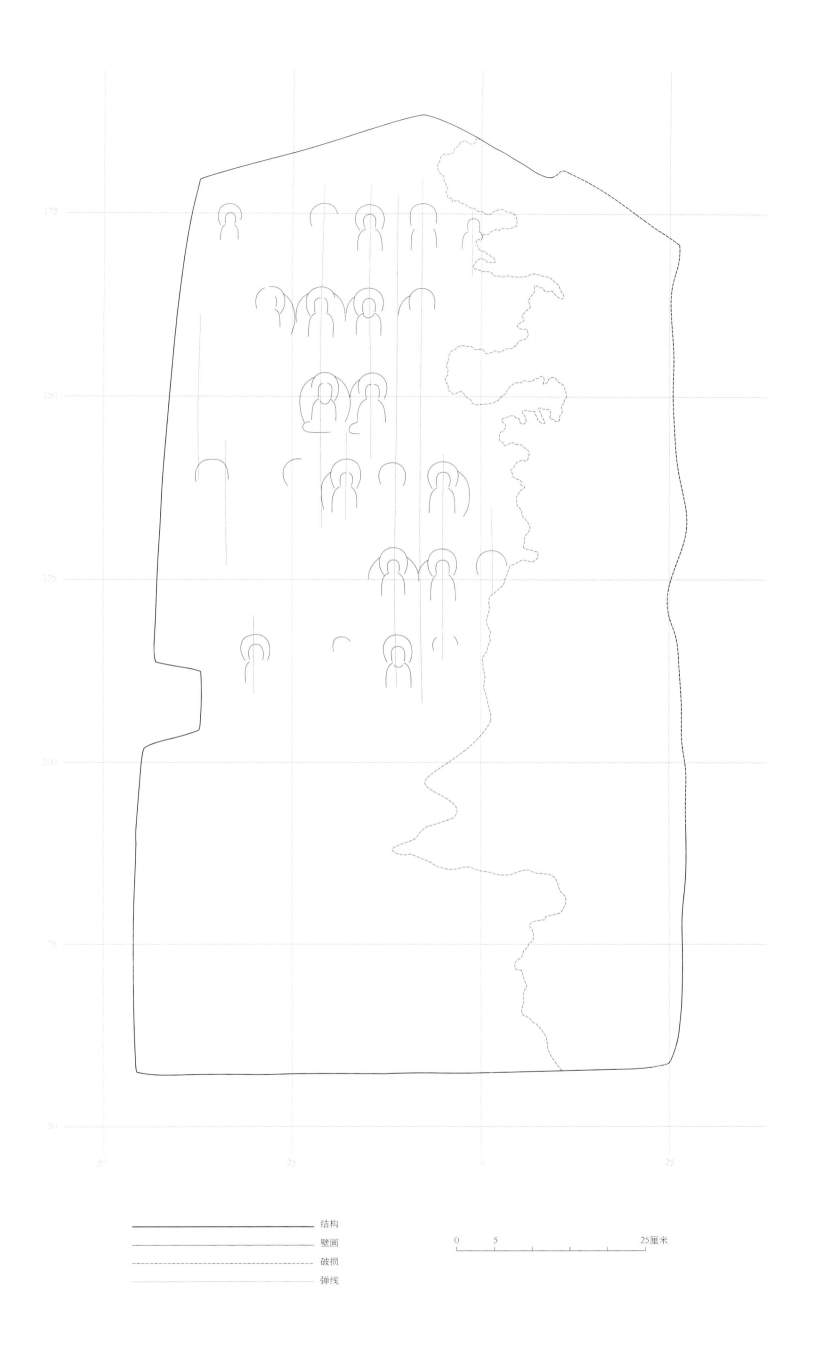

结构
壁画
破损
弹线

0    5                    25厘米

第274窟北壁立面图（第一层）

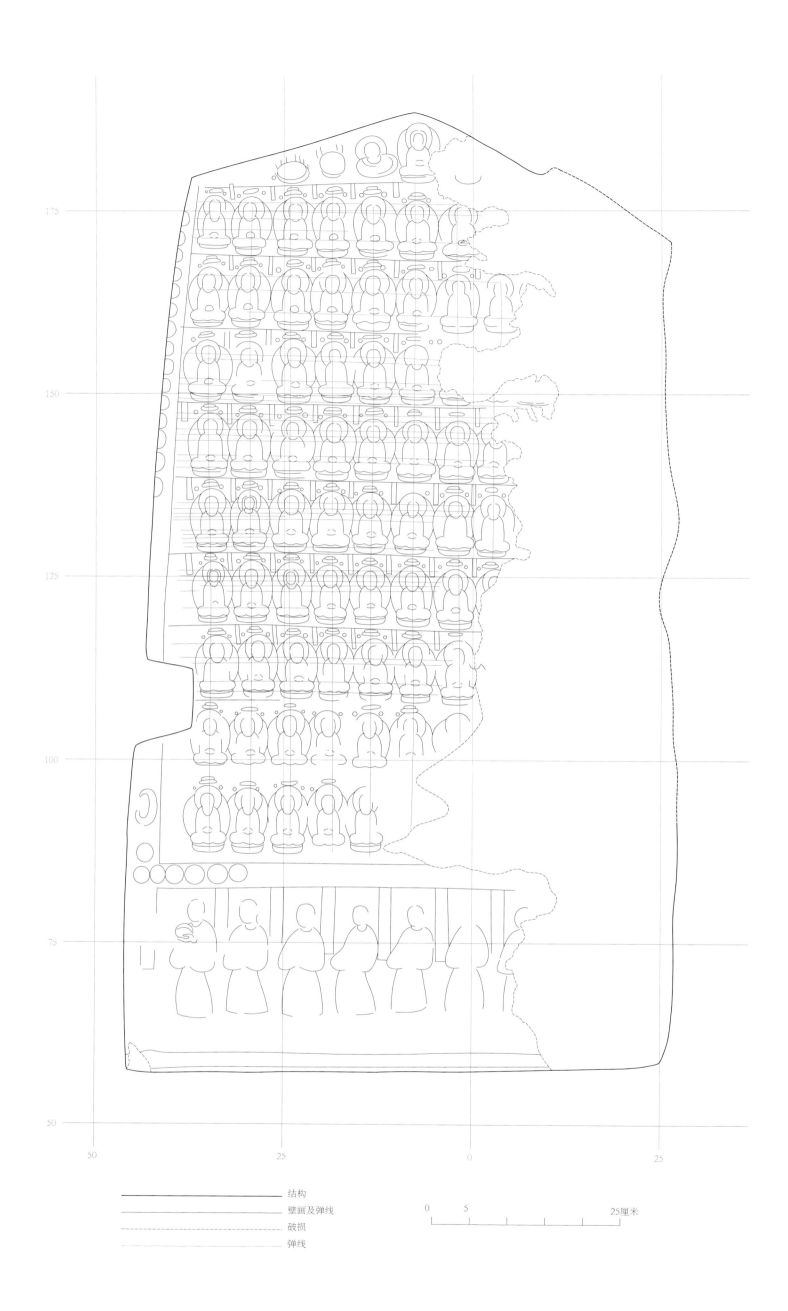

第274窟北壁立面图（第二层）

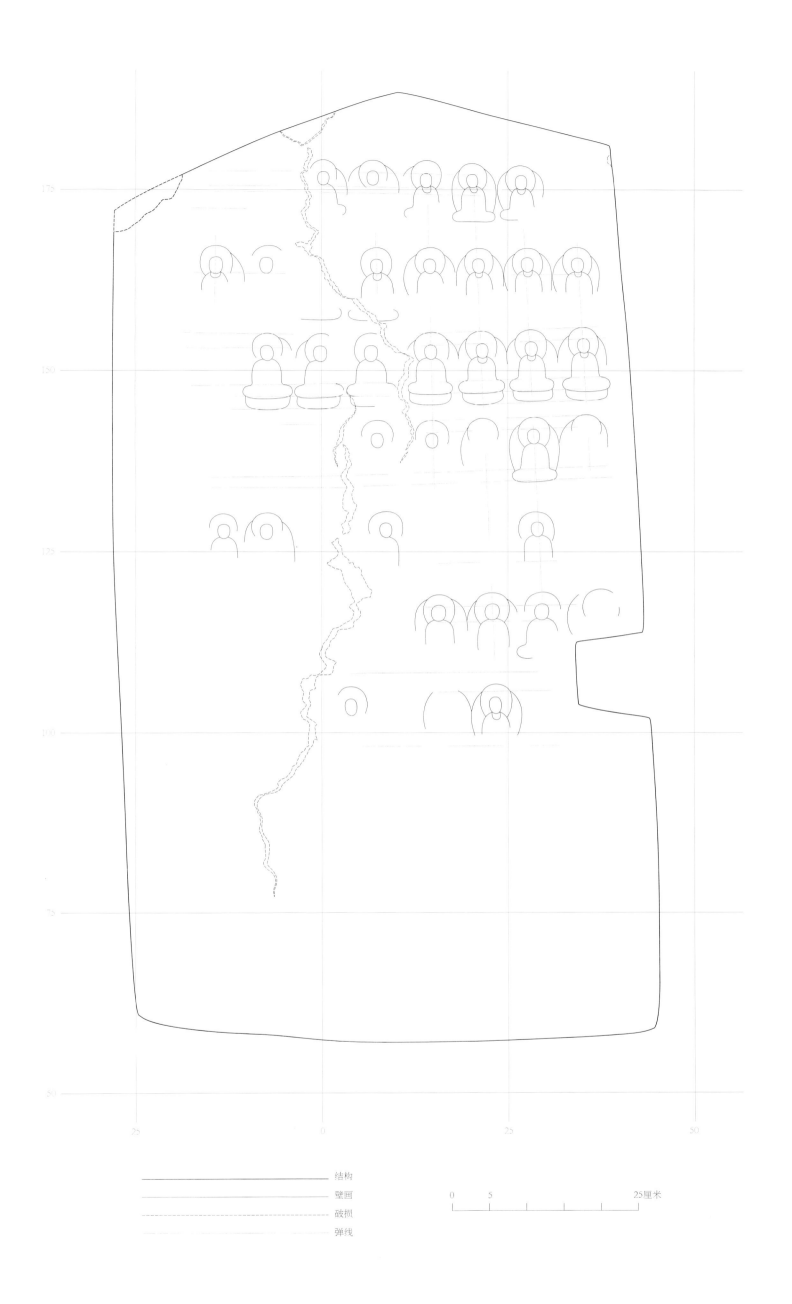

结构

壁画

破损

弹线

0　5　　　　　　　25厘米

图版77 第274窟南壁立面图（第一层）

第274窟南壁立面图（第二层）

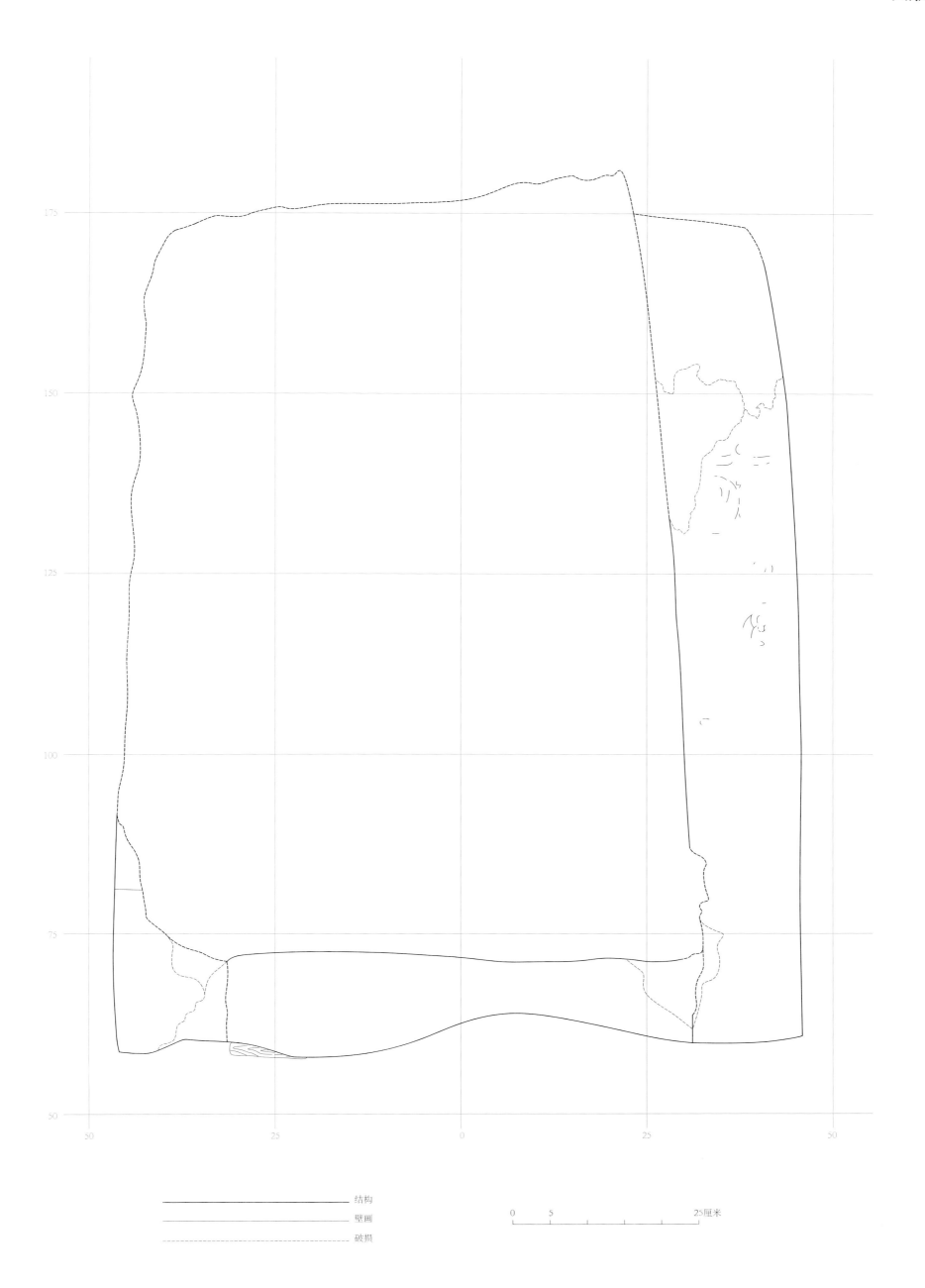

第274窟东壁立面图

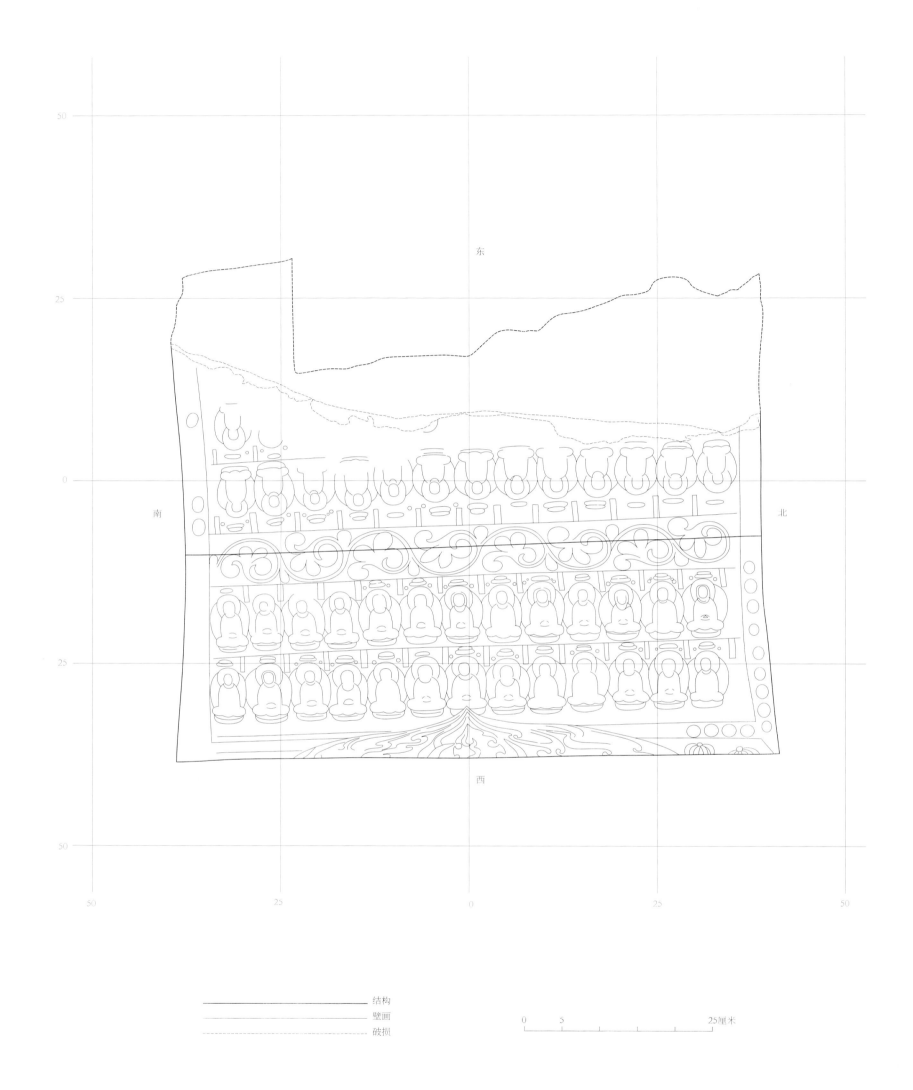

东

南　　　　　　　　　　　　　　　　　　　　北

西

结构
壁画
破损

0　　5　　　　　　　　　25厘米

第274窟窟顶仰视图

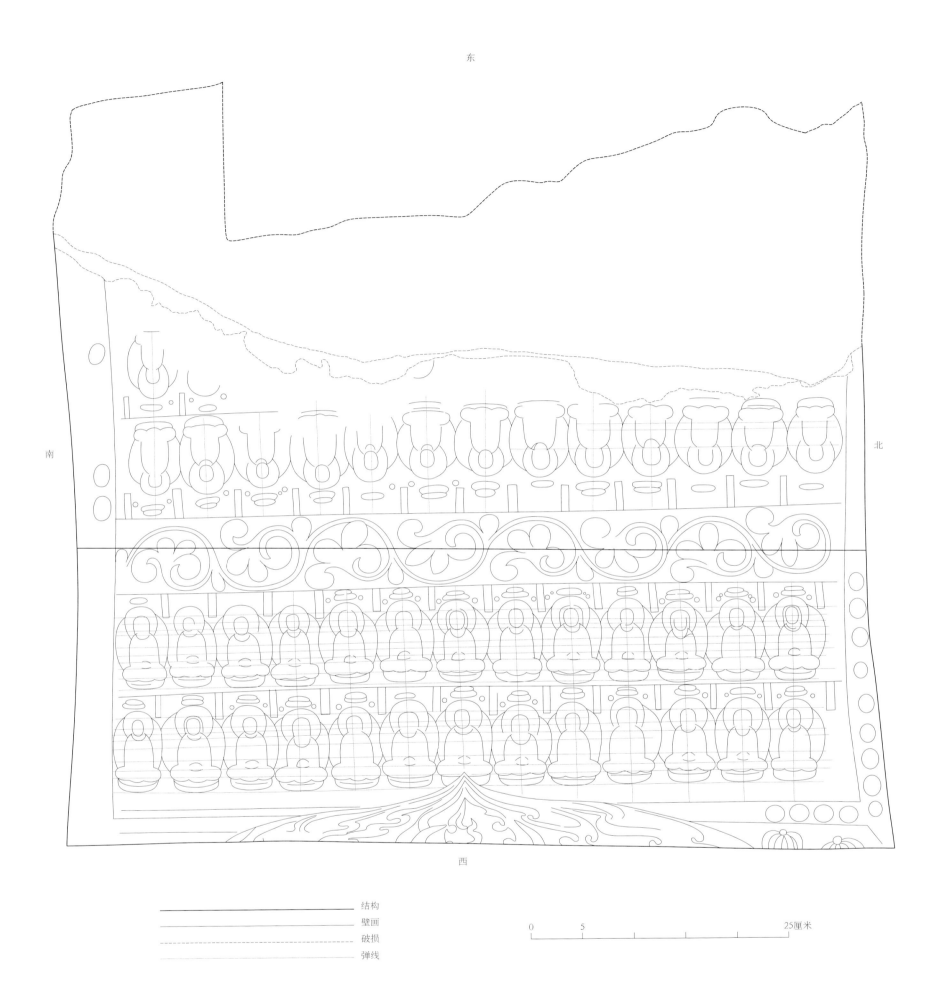

东

南

北

西

结构
壁画
破损
弹线

0　　5　　　　　　　　25厘米

第274窟窟顶展开图

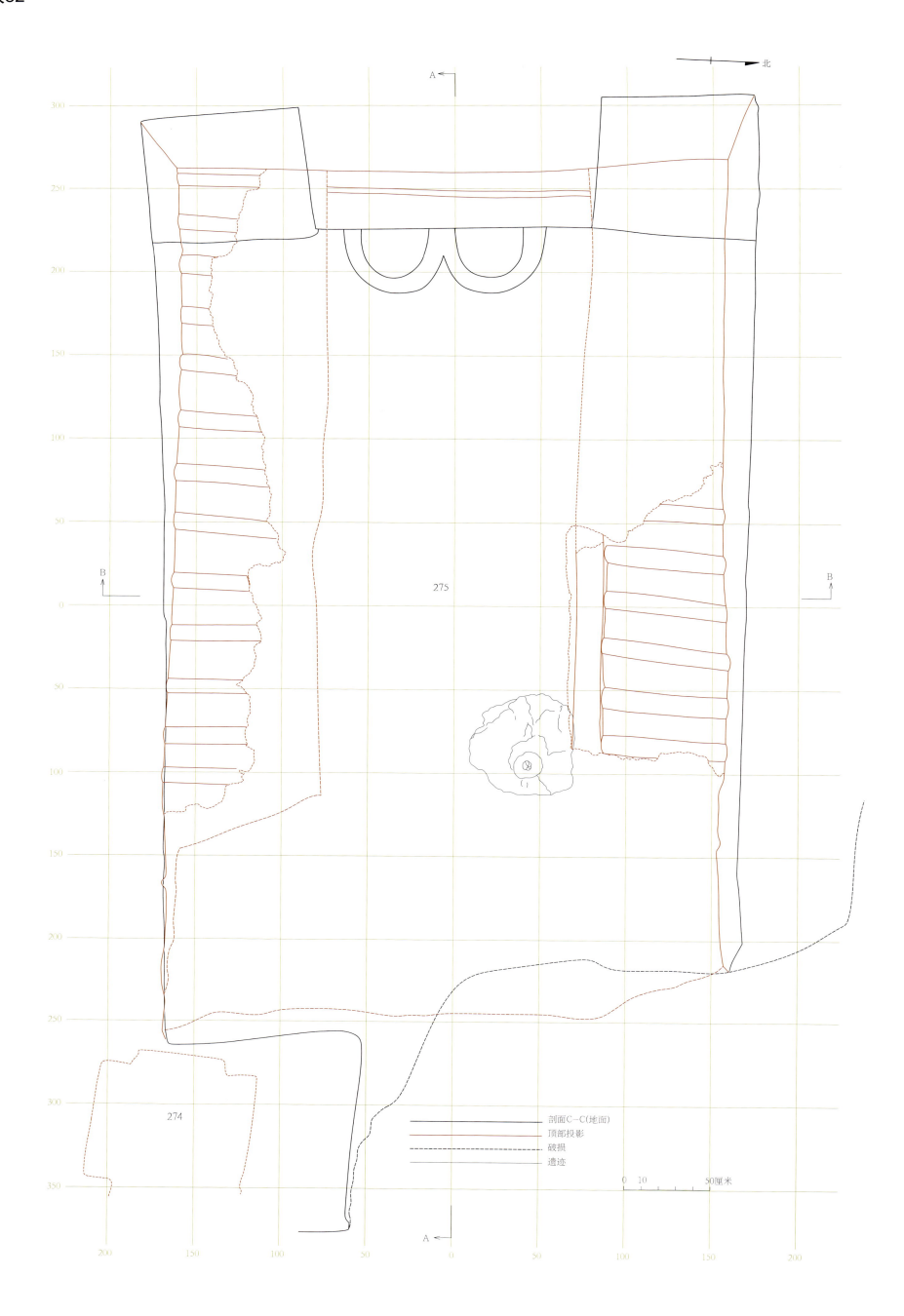

第275窟平面（C-C）及顶部、第274窟投影图

第275窟平面（D-D、C-C）图

剖面D-D(龛底高度)
结构及塑像轮廓
破损
塑像细部

0  10        50厘米

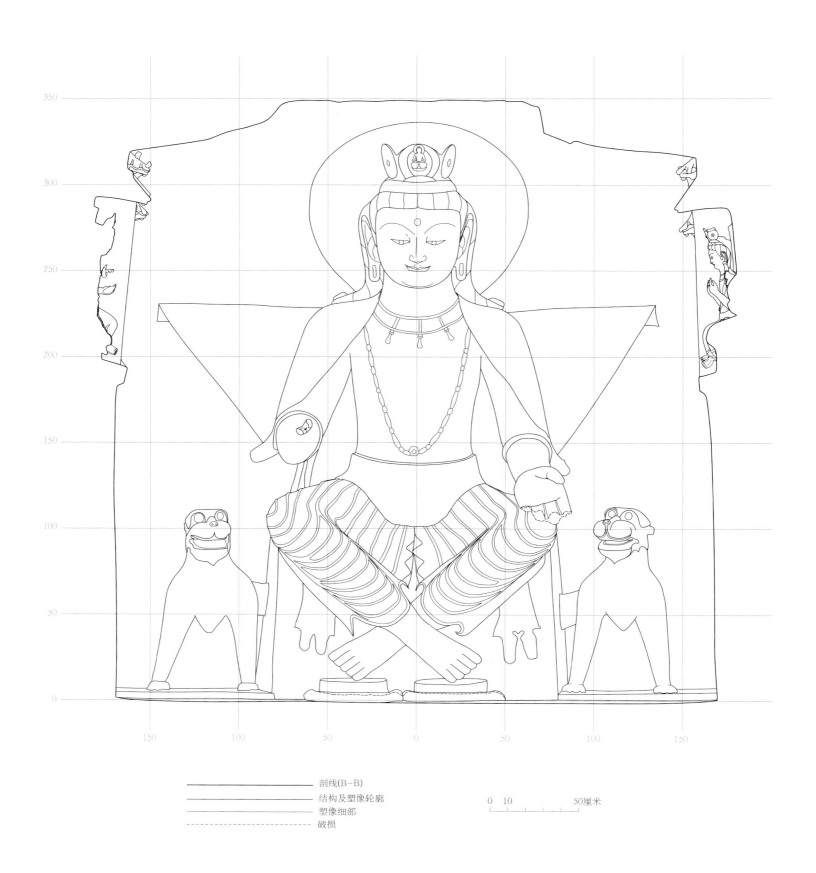

第275窟横剖面（B-B）图（向西）

剖线(B-B)

结构及塑像轮廓

塑像细部

破损

0　10　　　50厘米

第275窟纵剖面（A−A）图（向南）

剖线(A−A)
结构及塑像轮廓
破损

西壁基线

北

南壁基线

北壁基线

275

CPT 301

东壁基线

274

CPT 300 (4434823.2700，500335.4152，1337.061)
CPT 301 (4434823.0371，500330.3407，1337.303)

0  10        50厘米

现代结构

CPT 300

第275窟平立面关系图

第275窟西壁立面图（第一层）

结构及塑像轮廓
壁画及塑像细部
破损
晕染

0　10　　　50厘米

第275窟北壁立面图（第一层）

结构及塑像轮廓 —————— 残损 --------

壁画及塑像细部 —————— 晕染 --------

0  10  50厘米

第275窟南壁立面图（第一层）

第275窟东壁立面图（第一层）

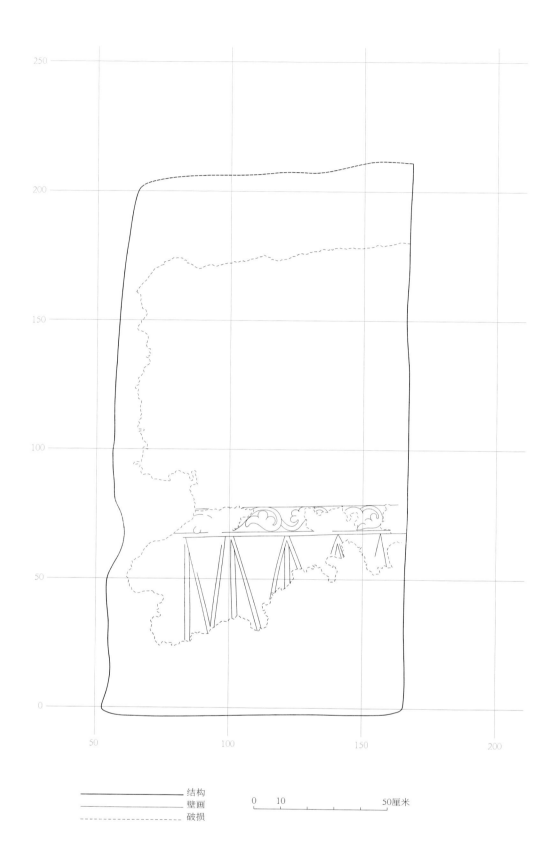

结构
壁画
破损

0　10　　　　　　50厘米

第275窟东壁立面图（第一层）

第275窟窟顶仰视图（第一层）

结构
壁画
破损

0  10        50厘米

第275窟东壁立面图（第二层）

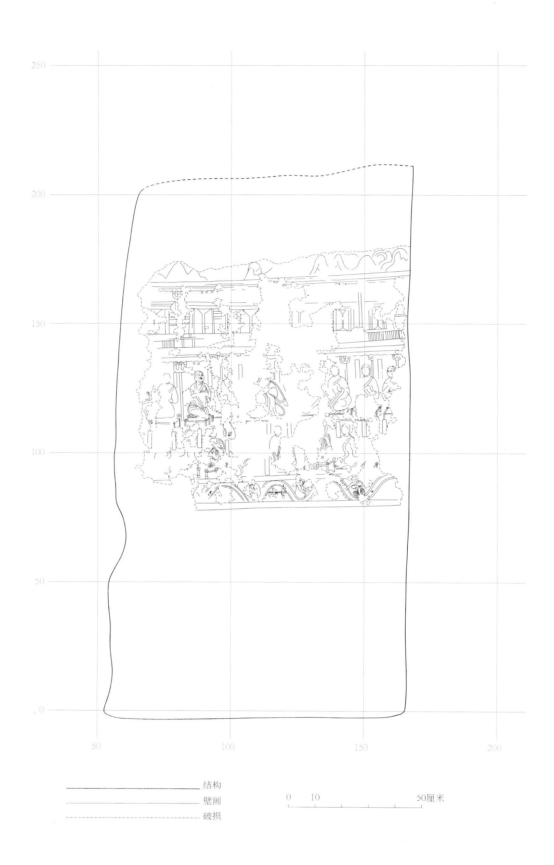

结构
壁画
破损

第275窟东壁立面图（第二层）

第275窟西壁立面图（第三层）

结构及塑像轮廓
壁画及塑像细部
破损

0　10　　　　　50厘米

第275窟北壁立面图（第三层）

50厘米

0　10　50

结构及塑像轮廓
壁画
破损
第三层隔墙

第275窟南壁立面图（第三层）

—— 结构及塑像轮廓线
—— 壁画
┅┅ 残损
┅┅ 第三层隔墙

0　10　　　50厘米

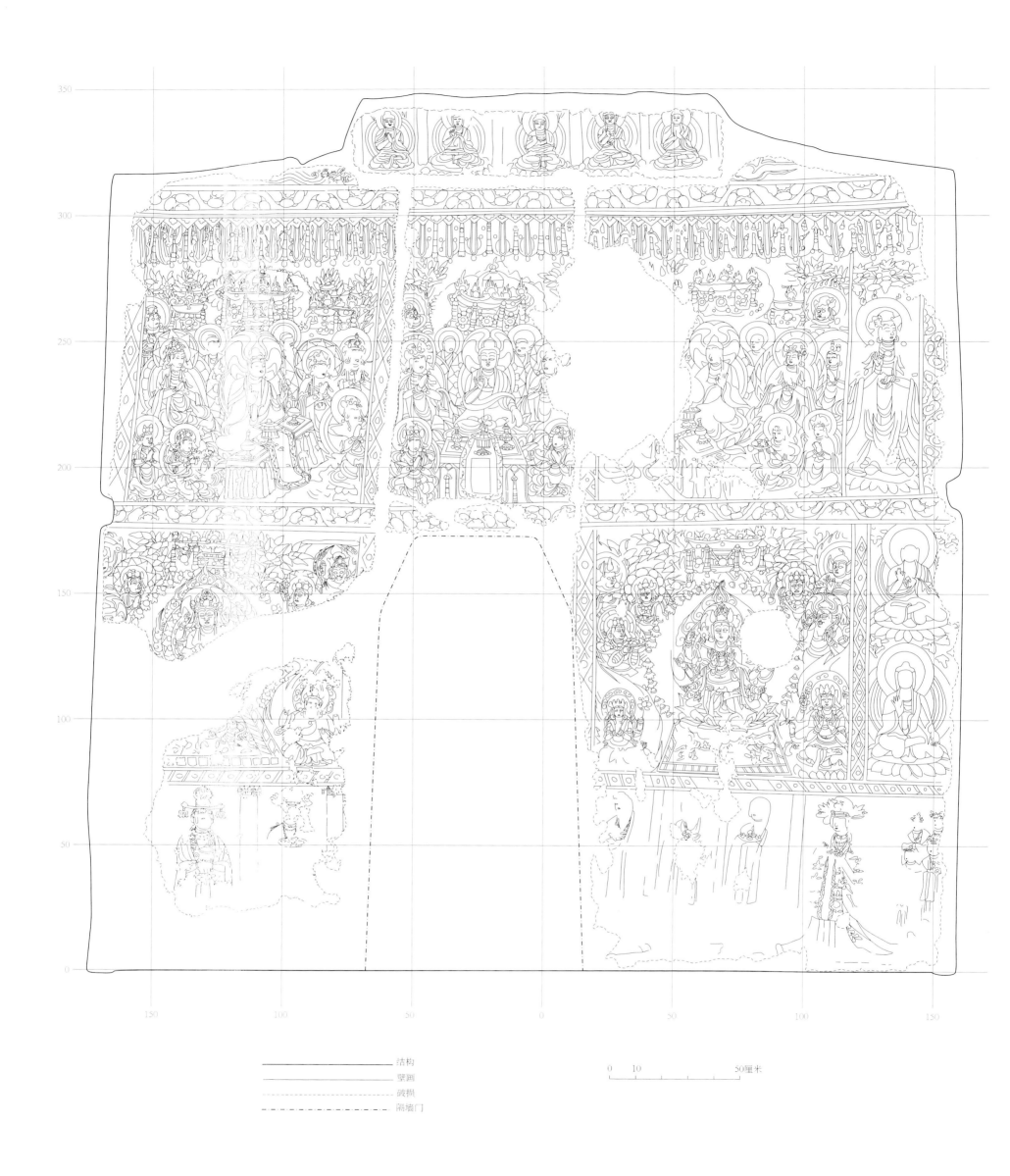

第275窟隔墙西向面壁画

东

南

北

西

结构 ⋯⋯⋯⋯⋯⋯ 破损

壁画 ━ ━ ━ 第三层隔墙

0　10　　　　50厘米

第275窟窟顶仰视图（第三层）

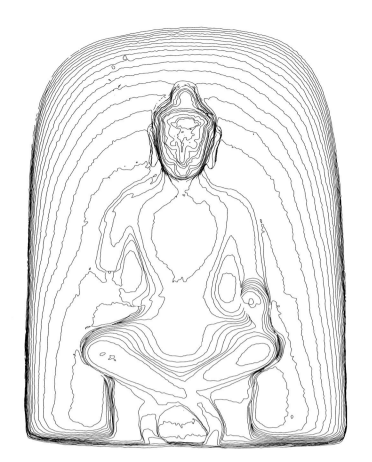

1　第268窟西壁龛内塑像

3　第275窟西壁塑像

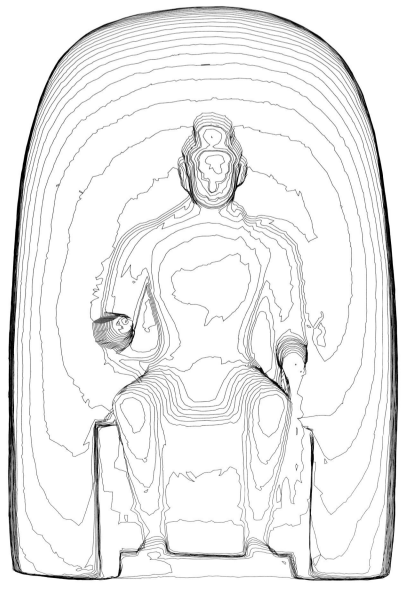

2　第272窟西壁龛内塑像

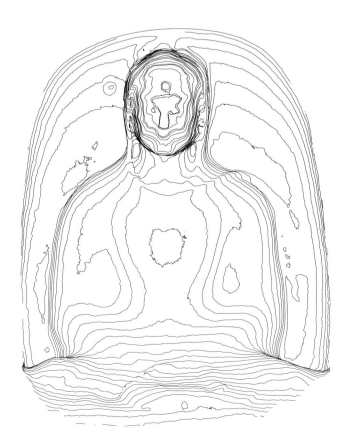

4　第273窟内塑像

塑像等值线图（一）

1　第275窟北壁西起第一龛内塑像

4　第275窟南壁西起第一龛内塑像

2　第275窟北壁西起第二龛内塑像

5　第275窟南壁西起第二龛内塑像

3　第275窟北壁西起第三龛内塑像

6　第275窟南壁西起第三龛内塑像

塑像等值线图（二）

# II
# 摄影图版

2011

石窟外景

1　第266、268、272、275窟附近

2011

2　中层左起为第266、268、272、275窟

2011

石窟外景

2005

1 第266、268、272、275等窟外景

2005

2 第266、268、272A窟窟门

石窟外景

2010

第266窟内景

2010

1　第266窟西壁

2004

2　第266窟地面灯台遗迹

2004

3　第266窟地面

第266窟西壁、地面

1　西壁龛顶及龛楣

2004

2　地面南边西段（水泥面与泥土地面）

2008

3　西壁前地面遗迹

2008

第266窟西壁龛顶、龛楣及地面

2004

第266窟西壁龛内塑像

2010

第266窟西壁龛内北侧

2010

第266窟西壁龛内南侧

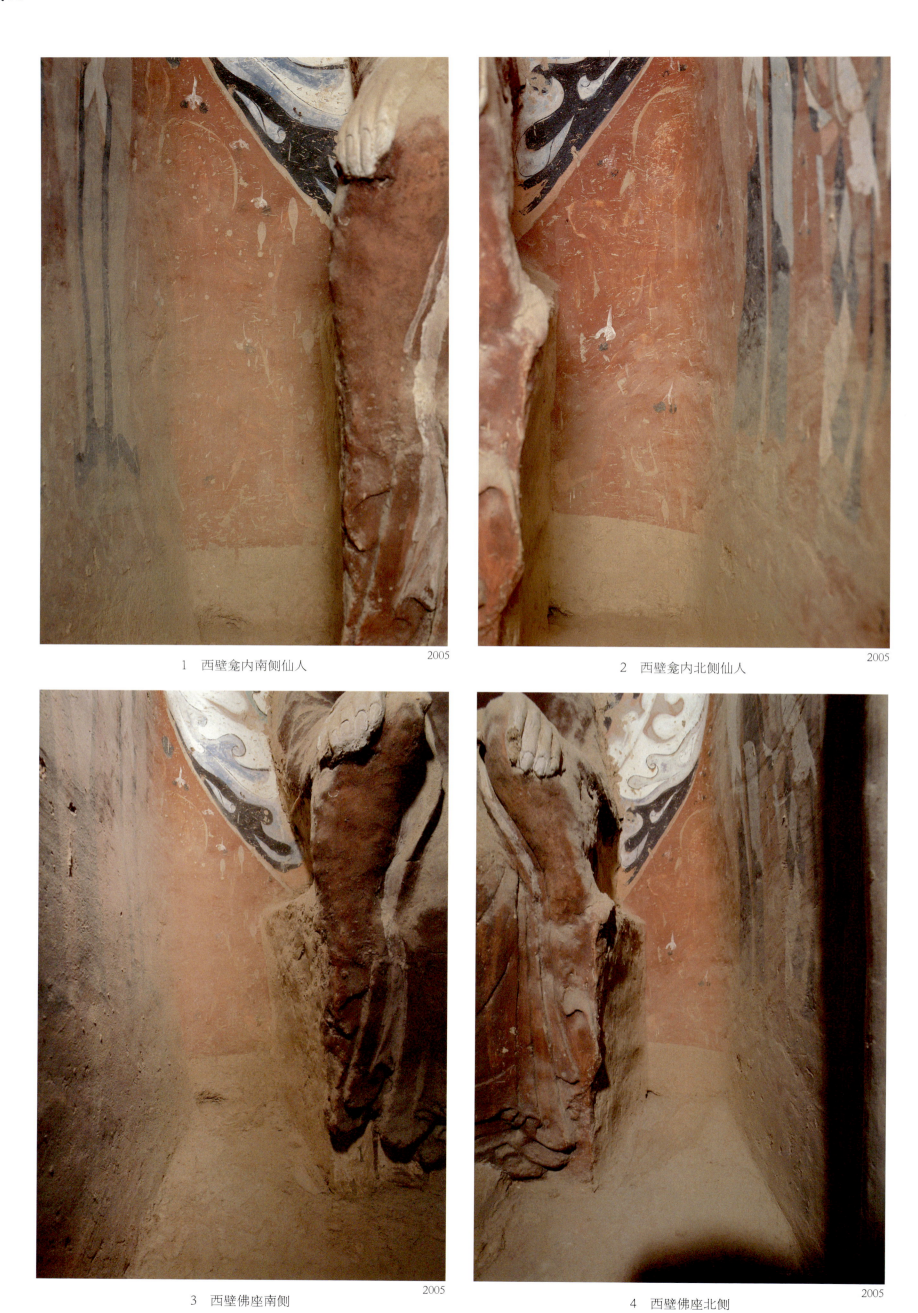

1　西壁龛内南侧仙人　　　　　　　　　　　2005

2　西壁龛内北侧仙人　　　　　　　　　　　2005

3　西壁佛座南侧　　　　　　　　　　　　　2005

4　西壁佛座北侧　　　　　　　　　　　　　2005

第266窟西壁龛内两侧

2004

第266窟西壁龛内北侧局部

2004

1　西壁龛外南侧弟子

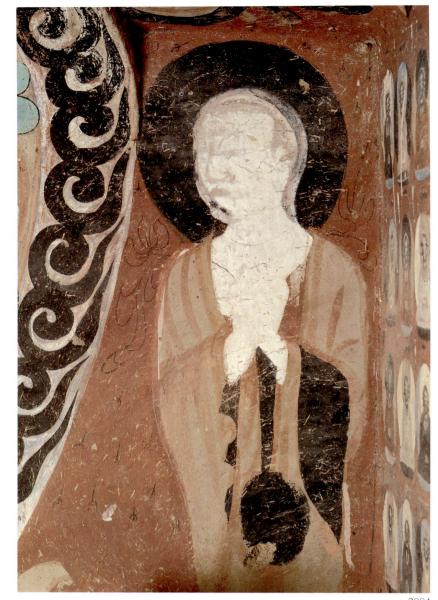

2004

2　西壁龛外北侧弟子

2004

3　西壁龛外南侧塑像

2004

4　西壁龛外北侧塑像

第266窟西壁龛外两侧

2008

1　西壁龛楣南缘（顶、壁转折处的塑造情况）

2008

2　西壁龛楣北缘（顶、壁转折处的塑造情况）

2008

3　西壁龛外南侧塑像局部（后代重修情况）

2008

4　西壁龛外北侧塑像局部（后代重修情况）

第266窟西壁龛楣及龛外塑像局部

2008

1　西壁龛内底部及凿窝情况

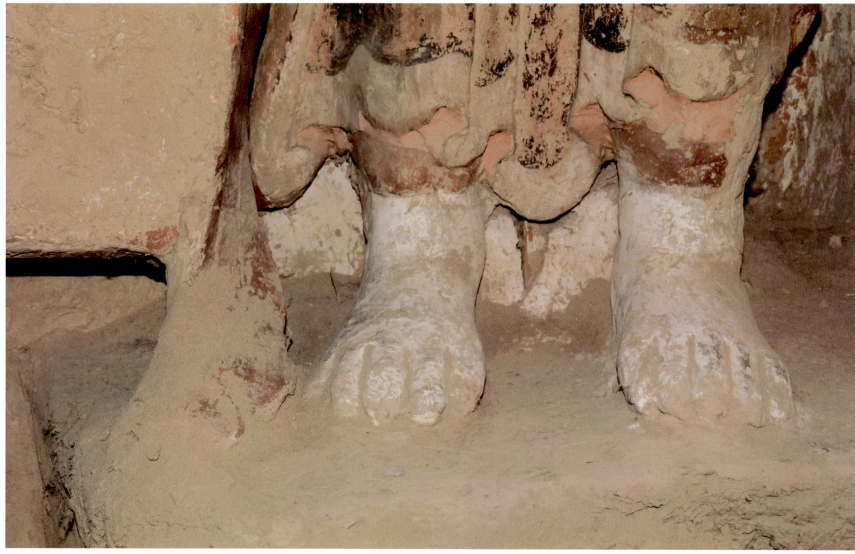

2008

2　西壁龛外北侧塑像局部（两脚间露出木质骨架）

第266窟西壁龛内底部及龛外胁侍菩萨像局部

2010

第266窟北壁之一

2010

第266窟北壁之二

2010

第266窟南壁

2010

第266窟东壁

2004

第266窟南壁千佛

1 北壁西侧供养人

2004

2 南壁西侧供养人

2004

第266窟北壁、南壁供养人

2004

第266窟东壁北侧壁画局部

1　窟顶西北角（披面之间转折圆缓）

2008

2008

2　南壁千佛局部（显示弹线、起稿、勾染情况）

第266窟窟顶一隅、南壁千佛

2010

第266窟窟顶（→北）

2004

第266窟窟顶藻井（→北）

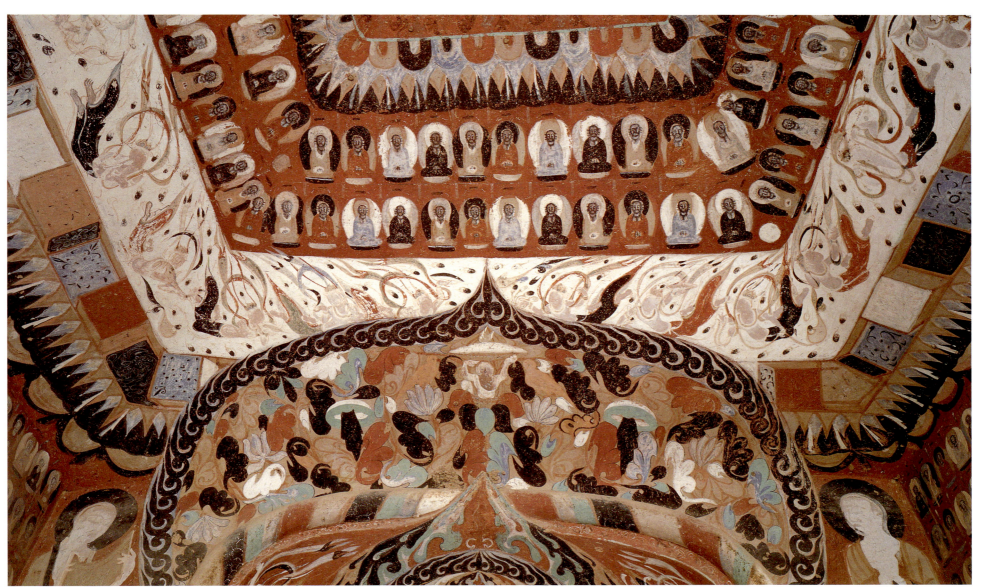

2004

1　窟顶西披

2004

2　窟顶北披

第266窟窟顶

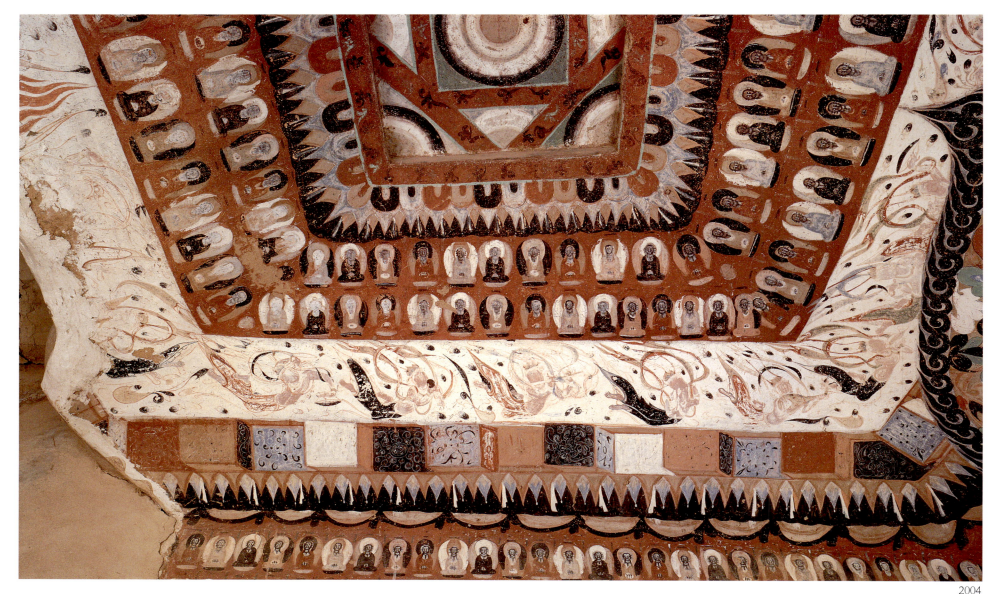

1 窟顶南披

2004

2 窟顶东披

2004

第266窟窟顶

2010

第268窟内景（由外向内）

2010

第268窟内景（由内向外）

2004

第268窟窟室西端

2004

第268窟西壁

2010

第268窟西壁佛龛

第268窟西壁龛内塑像

1　西壁龛内塑像头部正面

2004

2　西壁龛内塑像头部

2005

3　西壁龛内塑像头部

2005

第268窟西壁龛内塑像局部

1　西壁龛顶

2005

2　西壁龛内佛座北向面

2005

3　西壁龛内佛座南向面

2005

第268窟西壁龛顶、佛座

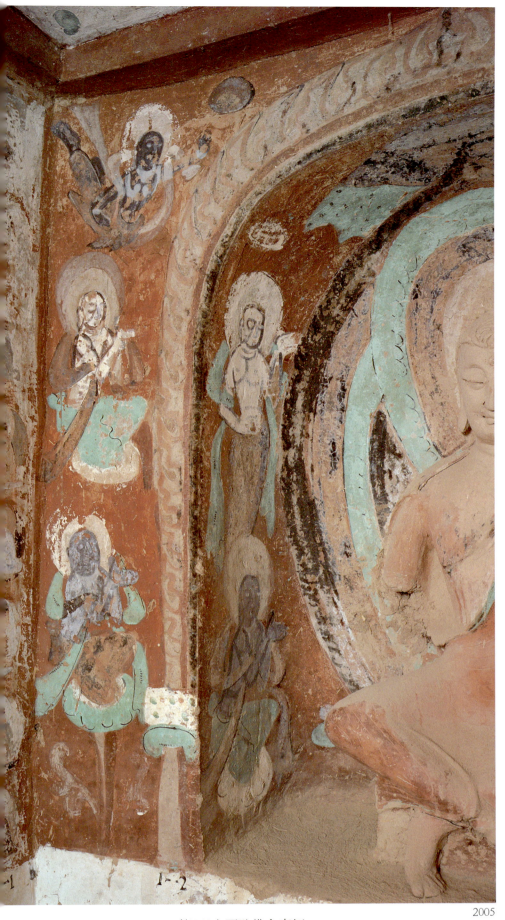

1 第268窟西壁佛龛南侧      2005

2 第268窟西壁佛龛北侧      2005

3 西壁龛底      2008

第268窟西壁佛龛

1　西壁龛外南侧上部飞天　　　　　　　　　　2007

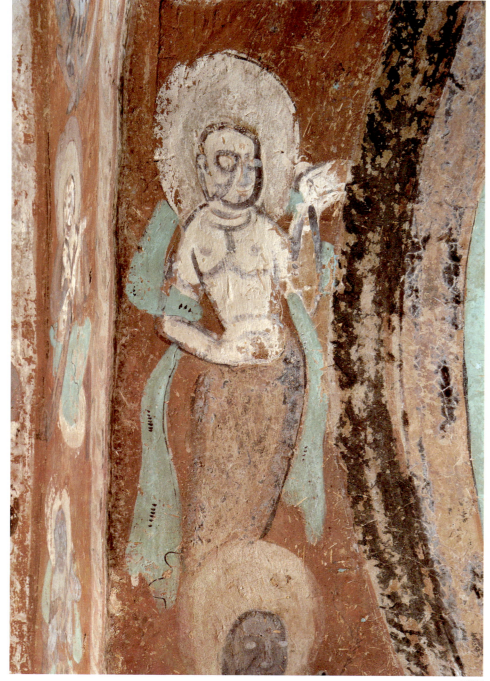

2　西壁龛内南侧菩萨　　2007

3　西壁龛内北侧菩萨　　2004

第268窟西壁飞天、菩萨

1 西壁龛外北侧上部飞天

2004

2 西壁龛内南侧供养菩萨

2007

3 西壁龛内北侧供养菩萨

2007

第268窟西壁飞天、菩萨

1-2        1-4

2010

第268窟西壁下段

2004

1　西壁龛下男供养人（上排北侧）

2007

2　西壁龛下女供养人（上排南侧）

第268窟西壁供养人

1　第268窟北壁

2007

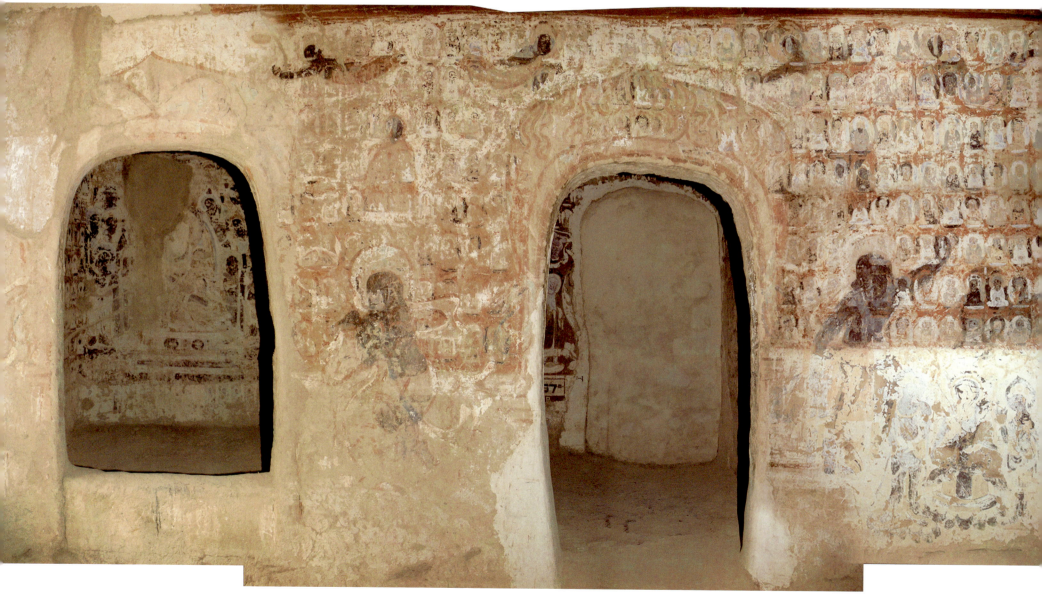

2　第268窟南壁

2007

第268窟北壁、南壁（数码拼接）

2006

1　北壁西起第一身飞天

2006

2　北壁西起第二身飞天

第268窟北壁飞天

1　北壁西侧上部壁画

2004

2　北壁中间上部莲蕾

2006

第268窟北壁壁画局部

2006

第268窟北壁中间人物

1　北壁西侧人物　　　　　　　　　　　　　　　　　　　2004

2　北壁西侧人物　　　　2006

3　北壁西侧人物　　　　2005

第268窟北壁西侧人物

1 北壁西侧力士

2006

2 北壁西侧人物

2006

3 北壁中间力士

2006

第268窟北壁力士、人物

1　北壁西侧小窟（第271窟）门楣

2006

2　北壁东侧小窟（第270窟）门楣

2006

第268窟北壁小窟门楣

2006

1　南壁西侧小窟（第267窟）门楣

2006

2　南壁东侧小窟（第269窟）门楣

第268窟南壁小窟门楣

1　南壁西起第一身飞天

2006

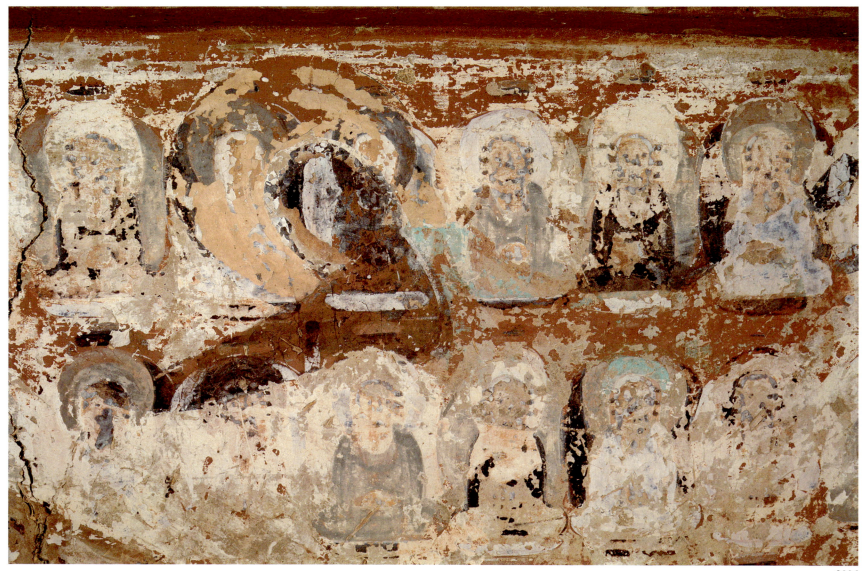

2　南壁西起第二身飞天

2006

第268窟南壁飞天

2006

1　南壁西起第三身飞天

2004

2　南壁西起第四身飞天

第268窟南壁飞天

2006

第268窟南壁中间人物

2004

1　南壁西侧人物

2006

2　南壁西侧人物

第268窟南壁西侧人物

2006

第268窟南壁西起第二身力士

2006

第268窟南壁西起第三身力士

2006

第268窟南壁西起第一身力士

1　南壁东端上部重层壁面

2004

2　南壁东端上部重层壁面

2008

3　南壁东端上部重层壁面

2008

4　南壁东端上部重层壁面

2008

第268窟南壁东端上部重层壁面

1　北壁西侧小窟（第271窟）窟门东侧木质骨架

2006

2　南壁东侧小窟（第269窟）窟门西侧芦苇骨架

2004

第268窟南、北壁小窟窟门骨架

2005

第268窟东壁南侧

1　南壁东端及东壁南侧局部

2　南壁东端及东壁南侧局部

3　东壁北侧残迹

4　东壁北侧残迹

第268窟南壁东端及东壁

1　西壁上部及窟顶

2005

2005

2　第268窟壁面与窟顶

第268窟窟顶

2010

第268窟窟顶平棋（西起第一组，→北）

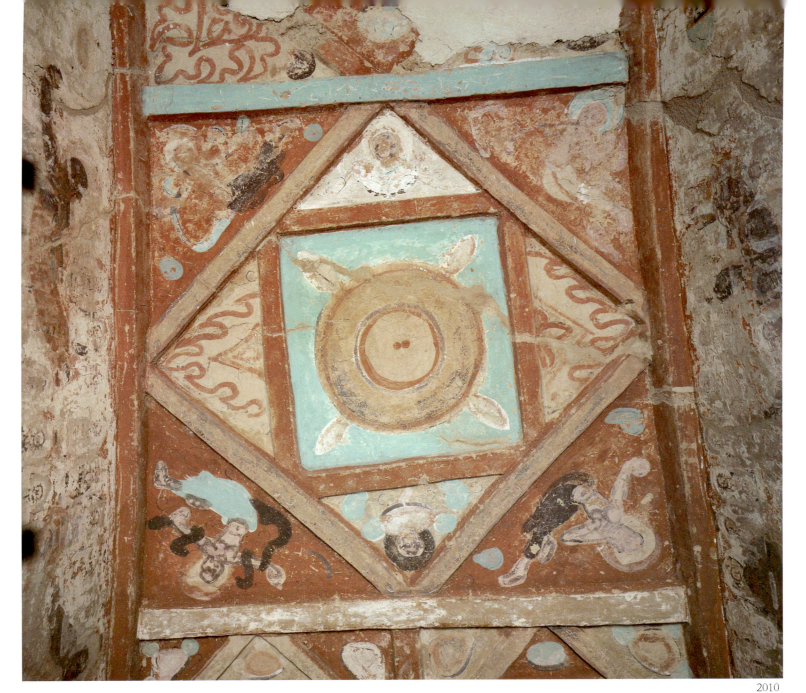

2010

1　窟顶平棋（西起第三组）

2010

2　窟顶平棋（西起第二组）

第268窟窟顶平棋（→北）

1 窟顶平棋（西起第一组局部，→北）

2004

2 窟顶平棋（西起第三组局部，→南）

2004

第268窟窟顶平棋

1　窟顶西起第一组平棋东南角飞天　2006

2　窟顶西起第一组平棋东北角飞天　2006

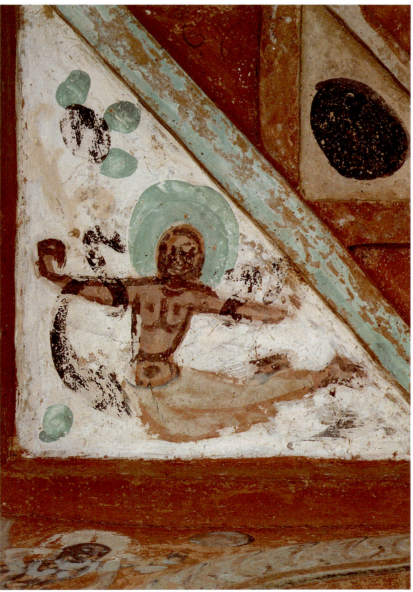

3　窟顶西起第一组平棋西南角飞天　2006

4　窟顶西起第一组平棋西北角飞天　2006

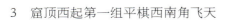

第268窟窟顶平棋飞天（→北）

1　窟顶西起第三组平棋东南角飞天　　　　　　　　　2006

2　窟顶西起第三组平棋东北角飞天　　　　　　　　　2006

3　窟顶西起第三组平棋西南角飞天　　　　　　　　　2006

4　窟顶西起第三组平棋西北角飞天　　　　　　　　　2006

第268窟窟顶平棋飞天（→北）

1　北壁千佛局部

2006

2　北壁千佛局部

2006

第268窟北壁千佛

1  北壁千佛局部

2006

2  北壁供养人（题榜）

2006

第268窟北壁千佛、供养人

2006

1　北壁千佛局部

2006

2　南壁千佛局部

第268窟北壁、南壁千佛

1　南壁千佛局部　　　　　　　　　　　　　2006

2　南壁千佛局部　　　　　　　　　　　　　2006

第268窟南壁千佛

2006

1　南壁千佛局部

2007

2　南壁说法图

第268窟南壁千佛、说法图

1　窟内地面　　　　　　　　　　　　2004

2　地面改造迹象（西端）　　　2004

3　地面改造迹象（南壁中间）　　2008

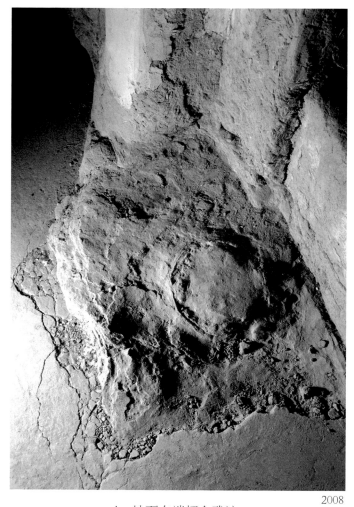

4　地面东端灯台残迹　　　　2008

5　地面东端南侧灯台（向东）　　2008

6　地面东端南侧灯台（向西）　　2008

第268窟地面遗迹

2008

1　南壁东侧小窟（第269窟）窟门下部

2008

2　南壁西侧小窟（第267窟）窟门下部

2008

3　北壁东侧小窟（第270窟）窟门下部

2008

4　北壁西侧小窟（第271窟）窟门下部

第268窟地面遗迹

2004

第271窟窟门

2004

第271窟北壁

2005

第271窟北壁说法图

2004

1 第271窟东壁之一

2004

2 第271窟东壁之二

2004

3 第271窟东壁之三

第271窟东壁

2005

第271窟东壁说法图

1　第271窟西壁之一
2004

2　第271窟西壁之二
2004

3　第271窟西壁之三
2004

第271窟西壁

2005

第271窟西壁说法图

2006

1　第271窟南壁之一

2004

2　第271窟南壁之二

2004

3　第271窟南壁之三

第271窟南壁

第271窟窟顶（→东）

2004

第271窟窟顶（→东）

2004

第270窟窟门

2004

第270窟北壁

2005

第270窟北壁说法图

1　第270窟东壁之一

2004

2　第270窟东壁之二

2004

3　第270窟东壁之三

2004

第270窟东壁

1　第270窟西壁之一
2005

2　第270窟西壁之二
2005

3　第270窟西壁之三
2005

第270窟西壁

2005

第270窟西壁说法图

1　第270窟南壁之一　　　2004

2　第270窟南壁之二　　　2004

3　第270窟南壁之三　　　2004

4　第270窟南壁之四　　　2004

第270窟南壁

第270窟窟顶（→北）

2004

2004

第267窟窟门

2005

第267窟南壁

2005

第267窟南壁说法图

1 第267窟西壁之一

2 第267窟西壁之二

3 第267窟西壁之三

4 第267窟西壁之四

第267窟西壁

2004

1　第267窟东壁之一

2004

2　第267窟东壁之二

2004

3　第267窟东壁之三

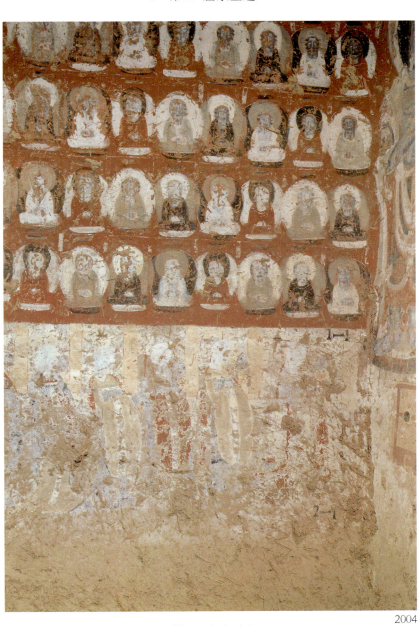

2004

4　第267窟东壁之四

第267窟东壁

1　第267窟北壁之一

2004

2　第267窟北壁之二

2004

第267窟北壁

2004

第267窟窟顶（→东）

2004

第269窟窟门

2005

第269窟南壁

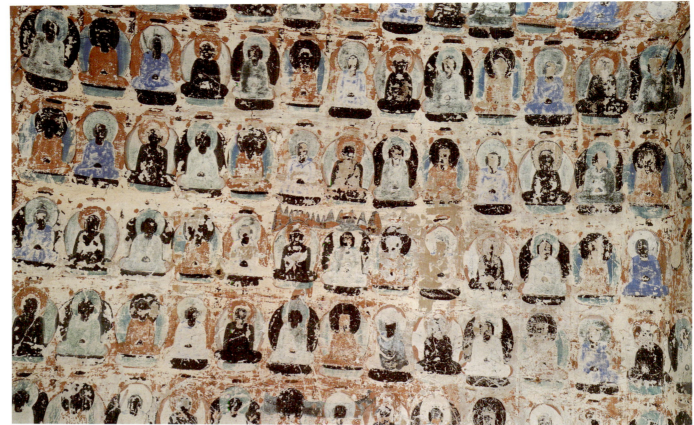

1　第269窟西壁之一

2004

2　第269窟西壁之二

2004

3　第269窟西壁之三

2004

第269窟西壁

2005

第269窟西壁重层壁画

2004

1　第269窟东壁之一

2004

2　第269窟东壁之二

第269窟东壁

1　第269窟北壁之一　　　　2004

2　第269窟北壁之二　　　　2004

3　第269窟北壁之三　　　　2004

4　第269窟北壁之三　　　　2004

第269窟北壁

第269窟窟顶（→北）

2005

1　第269窟门道西侧重层壁面　2008

2　第269窟门道西侧重层壁面　2008

3　第270窟南壁东侧重层壁面　2011

4　第270窟南壁东侧重层壁面　2011

第269、270窟重层壁面

1　第268窟北壁东侧上部张大千编号题记
2004

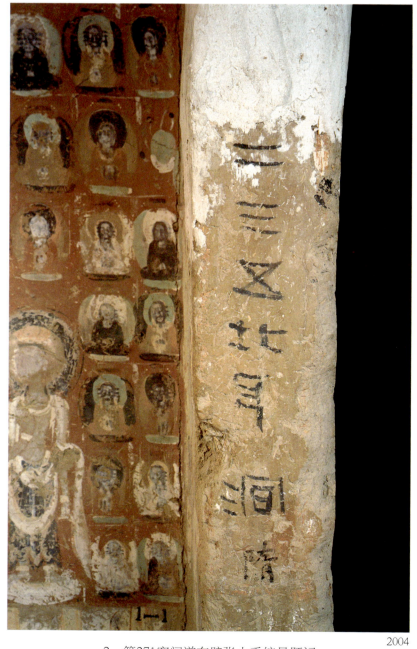

2　第271窟门道东壁张大千编号题记
2004

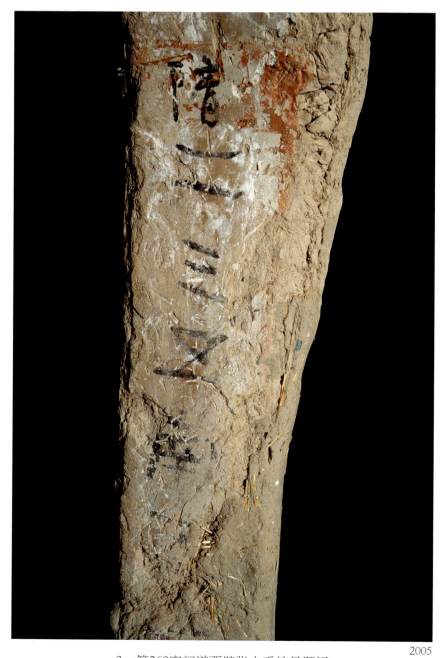

3　第269窟门道西壁张大千编号题记
2005

第268窟张大千编号题记

第272窟内景

2010

第272窟内景

2010

第272窟西壁

2010

第272窟西壁佛龛

2010

第272窟西壁龛内塑像

2004

1　西壁龛内塑像头部右侧面

2004

2　西壁龛内塑像头部正面

2005

3　西壁龛内塑像头部右侧面

2005

4　西壁龛内塑像头部左侧面

第272窟西壁龛内塑像局部

2011

1 龛内塑像下部

2011

2 龛内塑像衣纹细部

2008

3 第272窟西壁龛底

2011

4 龛内塑像衣纹细部

第272窟西壁龛内塑像下部及龛底

第272窟西壁龛内塑像上部

2004

第272窟西壁龛内上部

2010

第272窟西壁龛顶

2010

第272窟西壁龛内北侧

2010

第272窟西壁龛内南侧

2010

第272窟西壁龛内北壁胁侍菩萨

2010

第272窟西壁龛内南壁胁侍菩萨

1　第272窟西壁龛下

2011

2　第272窟西壁龛下局部

2011

第272窟西壁龛下遗迹

第272窟西壁龛外北侧

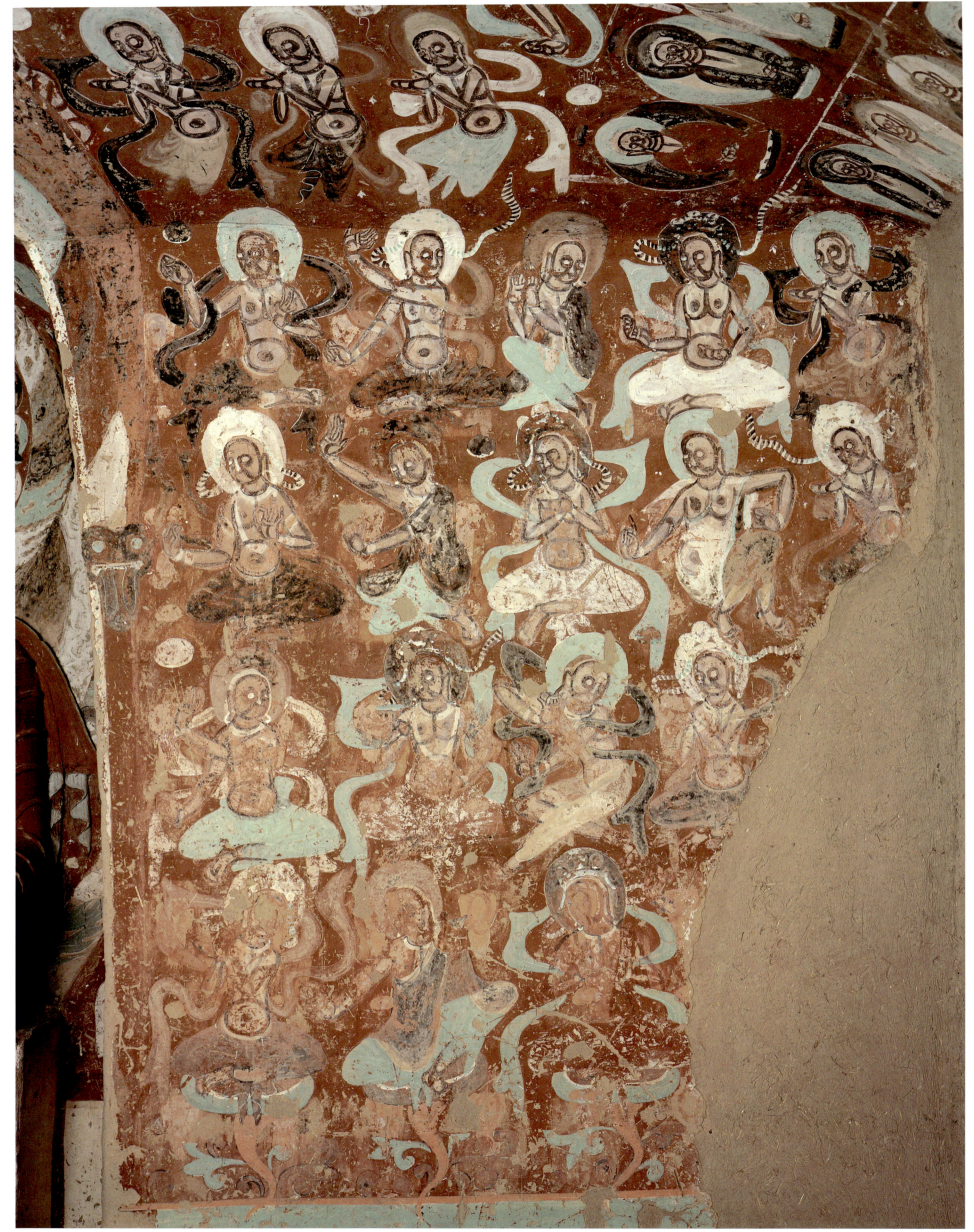

2010

第272窟西壁龛外北侧供养菩萨

2005

1　西壁龛外北侧供养菩萨

2005

2　西壁龛外北侧
供养菩萨

第272窟西壁龛外北侧供养菩萨局部

2004

第272窟西壁龛外北侧供养菩萨局部

2010

第272窟西壁龛外南侧

第272窟西壁龛外南侧供养菩萨

2004

第272窟西壁龛外南侧供养菩萨局部

2004

第272窟西壁龛外南侧供养菩萨局部

2004

1　西壁龛外南侧供养菩萨

2004

2　西壁龛外南侧供养菩萨

第272窟西壁龛外南侧供养菩萨局部

第272窟西壁龛外南侧供养菩萨局部

2004

第272窟西壁龛外南侧供养菩萨局部

1　西壁龛外北侧下部

2010

2　西壁龛外南侧下部

2010

第272窟西壁龛外下部

第272窟北壁

2010

第272窟北壁

2010

第272窟北壁说法图及下段壁画

2010

第272窟北壁说法图

第272窟北壁千佛局部

2004

第272窟北壁千佛局部

2005

第272窟北壁西端壁画损坏情况

第272窟南壁

2010

第272窟南壁

2010

第272窟南壁说法图及下段壁画

第272窟南壁说法图

2004

第272窟南壁东上角壁画

2004

第272窟南壁东侧壁画损坏情况

2010

第272窟东壁

1　东壁北上角壁画

2004

2　东壁北侧下部壁画

2004

第272窟东壁壁画

2010

第272窟窟顶

2010

第272窟窟顶藻井（→南）

2005

第272窟窟顶西披

2004

第272窟窟顶北披

第272窟窟顶南披

2004

2004

第272窟窟顶东披

1 窟顶北披局部

2004

2 窟顶南披局部

2004

第272窟窟顶壁画

2004

第272窟窟顶藻井西北角飞天

1　第272窟东侧上部

2010

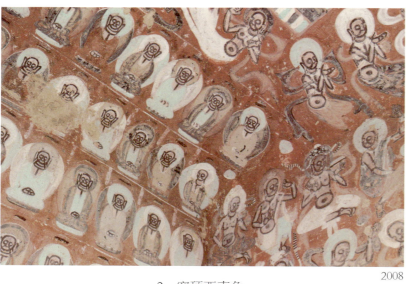

2　窟顶西南角

2008

3　窟顶西南角

2008

4　窟顶东北角

2008

5　窟顶东北角

2008

第272窟窟顶转折情况

第272窟壁画起稿情况

1　北壁千佛起稿情况
2008

2　南壁千佛起稿情况
2008

3　南壁千佛局部
2008

第272窟壁画起稿情况

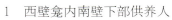

1　西壁龛内南壁下部供养人 2008

2　西壁龛内北壁下部供养人 2008

3　西壁龛内南壁下部 2008

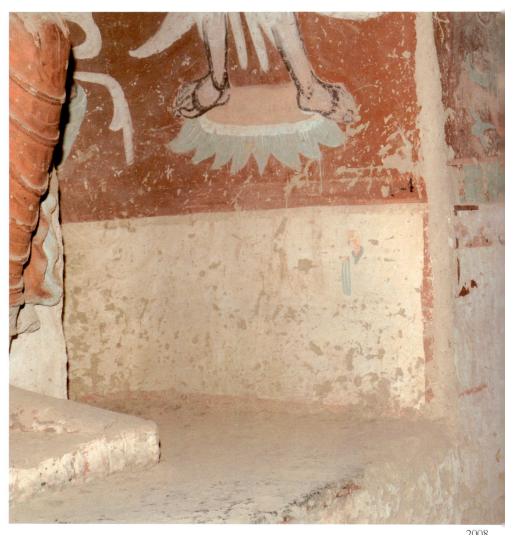

4　西壁龛内北壁下部 2008

第272窟西壁龛内两侧下部

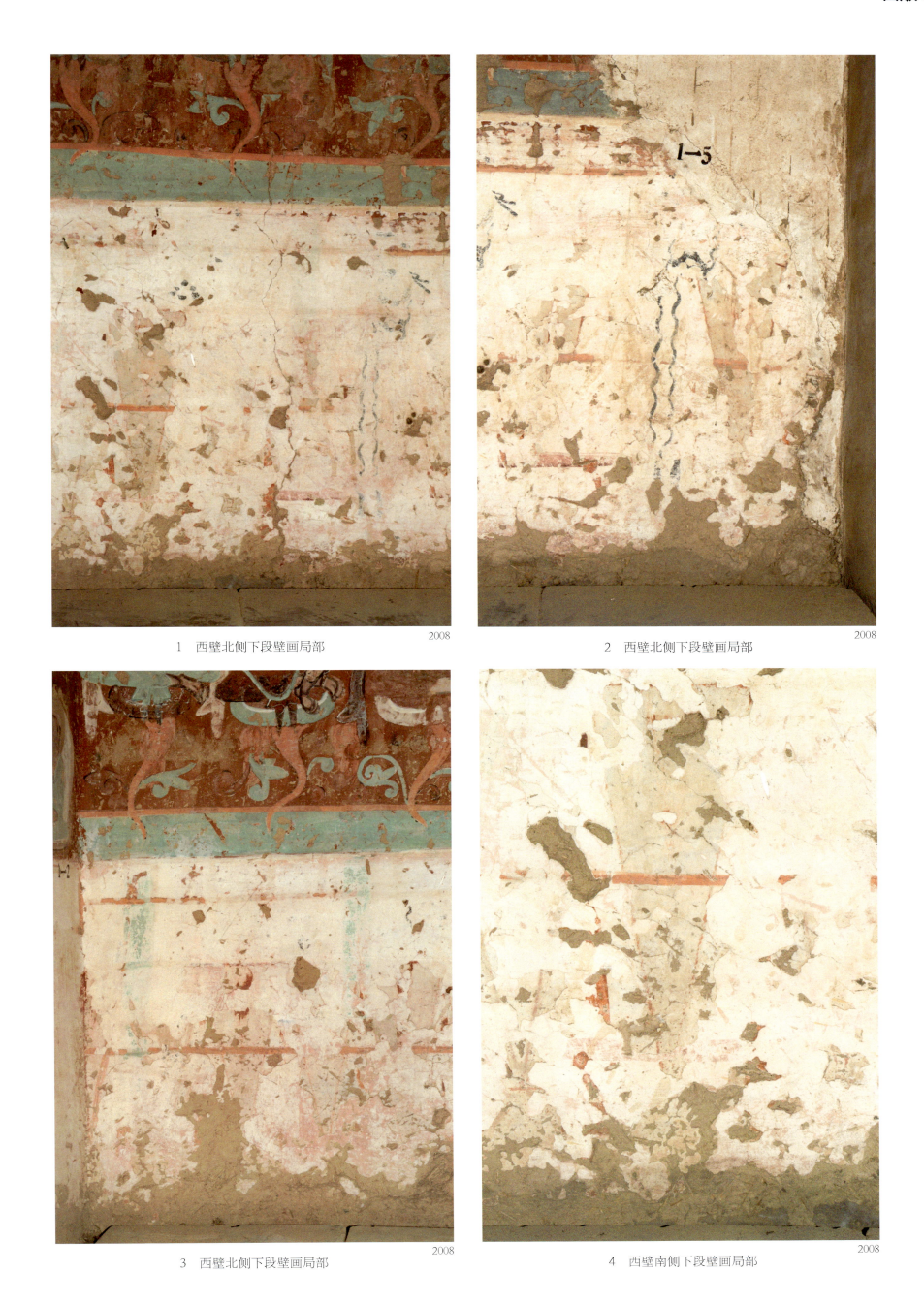

1 西壁北侧下段壁画局部 2008

2 西壁北侧下段壁画局部 2008

3 西壁北侧下段壁画局部 2008

4 西壁南侧下段壁画局部 2008

第272窟西壁龛外北侧下段壁画叠压情况

1 南壁下段壁画局部 2008

2 北壁下段壁画局部 2008

3 北壁下段壁画局部 2008

4 北壁下段壁画局部 2008

5 北壁下段壁画局部 2008

第272窟南、北壁下段壁画叠压情况

1 东壁北侧近现代壁龛遗迹

2008

2 东壁北侧壁画千佛被破坏情况（局部）

3 东壁南侧壁龛封堵揭开出土左手（手心）

4 东壁南侧壁龛封堵揭开出土左手（手背）

2010

2010

5 东壁南侧近现代壁龛封堵揭开情况

2010

2011

6 第272窟西壁龛内塑像双手复原情况

**第272窟东壁遗迹**

第272窟甬道北壁壁画

2007

第272窟甬道南壁壁画

2004

第272窟甬道顶部壁画 （→北）

1　甬道北壁壁画之一

2004

2　甬道北壁壁画之二

2004

第272窟甬道北壁壁画

1　甬道南壁壁画之一

2004

2　甬道南壁壁画之二

2004

3　甬道南壁壁画之三

2004

第272窟甬道南壁壁画

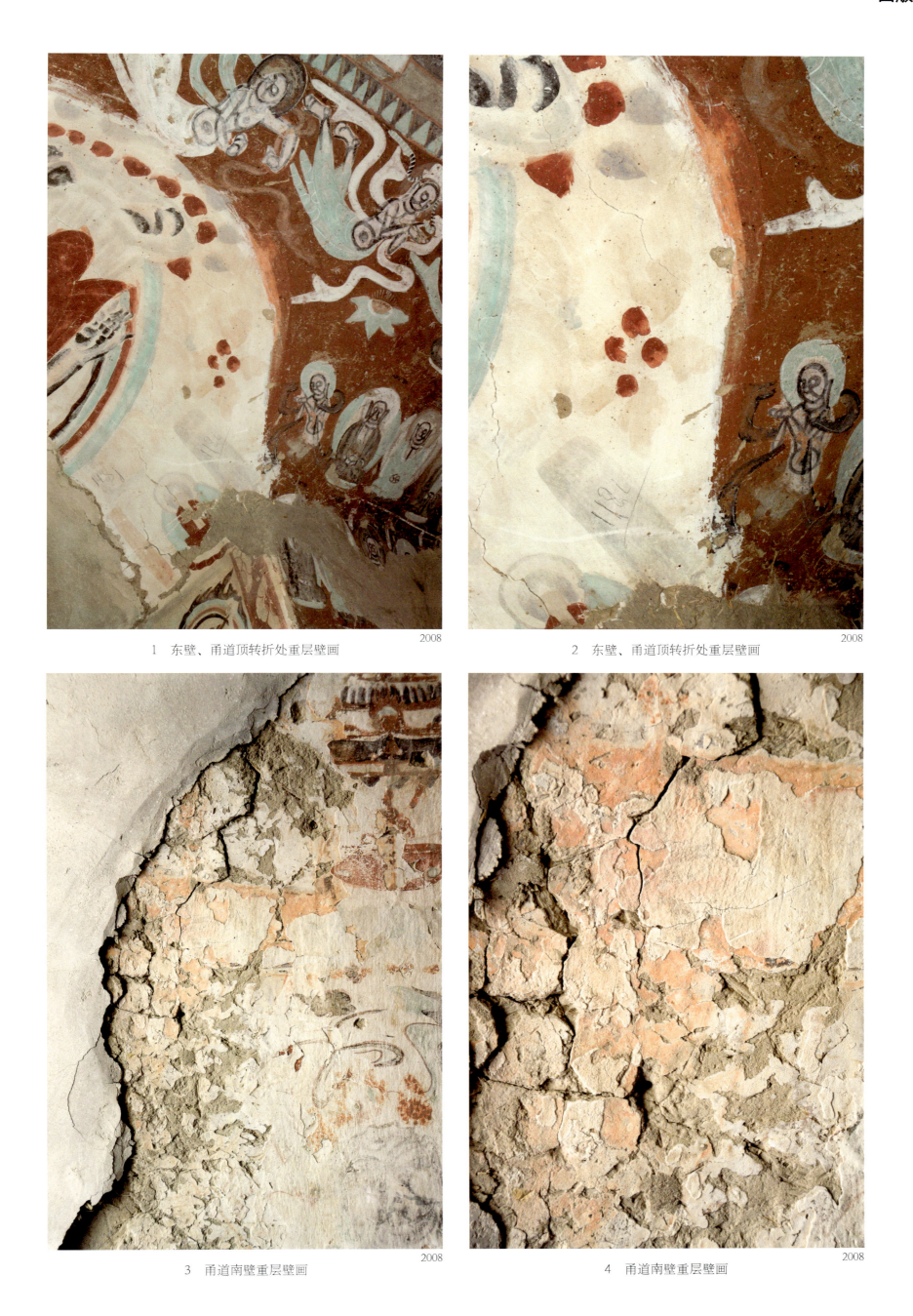

1　东壁、甬道顶转折处重层壁画 2008

2　东壁、甬道顶转折处重层壁画 2008

3　甬道南壁重层壁画 2008

4　甬道南壁重层壁画 2008

第272窟甬道壁画叠压关系

1　第272窟甬道顶北部张大千编号牌榜

2　第273窟窟门

3　第272A窟塑像

4　第273窟塑像

第272窟现代遗迹和第272A、第273窟外景、窟内塑像

1 第274窟窟门 　　2005

2 第274窟西壁 　　2005

3 第274窟南壁 　　2005

4 第274窟北壁 　　2005

第274窟窟口、内景

2005

第274窟内景

1　第274窟西壁上段

2007

2　西壁下段及地面灯台遗迹

2005

第274窟西壁

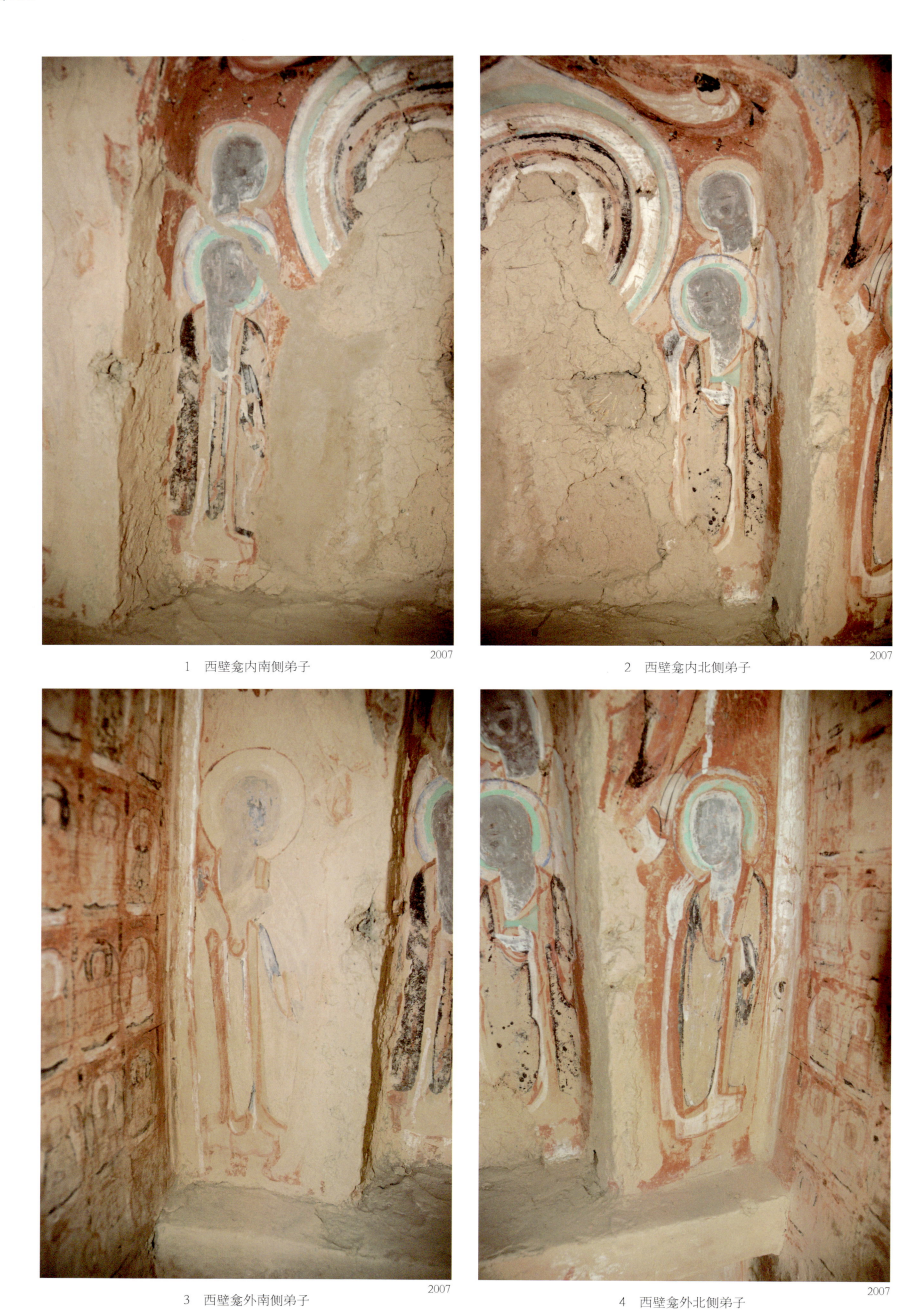

1　西壁龛内南侧弟子　　　　　　　2007

2　西壁龛内北侧弟子　　　　　　　2007

3　西壁龛外南侧弟子　　　　　　　2007

4　西壁龛外北侧弟子　　　　　　　2007

第274窟西壁壁画

1　北壁壁画之一

2　北壁壁画之二

3　北壁壁画之三

4　北壁壁画之四

2007

第274窟北壁壁画

1 南壁壁画之一

2 南壁壁画之二

3 南壁壁画之三

4 南壁壁画之四

2007

第274窟南壁壁画

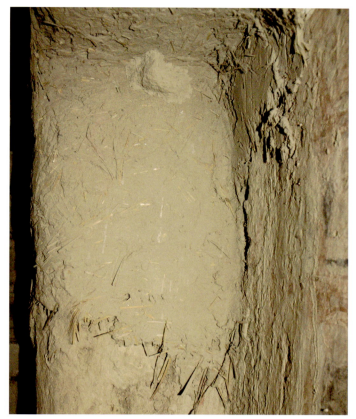

1　东壁南侧之一

2　东壁南侧之二

2007

3　东壁南侧之三

第274窟东壁南侧

1　窟顶西披

2007

2　窟顶仰视（→北）

2007

第274窟窟顶

2010

第275窟内景

2010

第275窟内景（由内向外）

2010

第275窟西壁

1　窟内地面

2004

2　地面灯台座

2004

3　地面灯台座

2004

第275窟地面

2010

第275窟西壁塑像局部

2010

第275窟西壁塑像局部

2010

第275窟西壁塑像局部

1 塑像头部右侧面

2 塑像头部左侧面

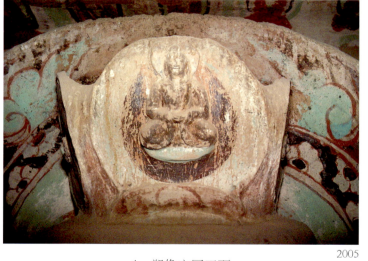

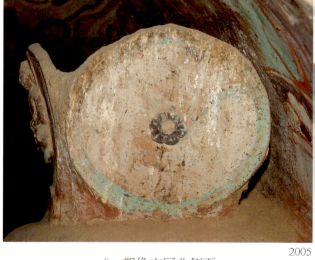

3 塑像宝冠南侧面

4 塑像宝冠正面

5 塑像宝冠北侧面

第275窟西壁塑像局部

1　西壁塑像下部

2004

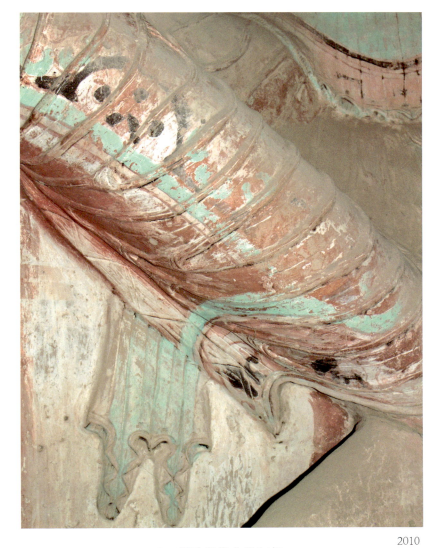

2010

2　西壁塑像衣纹细部

2010

3　西壁塑像衣纹细部

第275窟西壁塑像局部

2005

第275窟西壁塑像头部侧视（头光与壁面的关系）

2005

1　塑像台座上面北侧披巾平铺情况

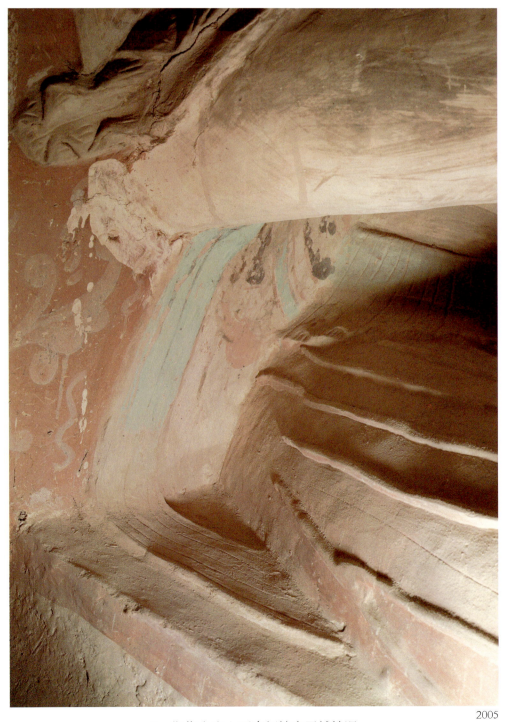

2005

2　塑像台座上面南侧披巾平铺情况

第275窟西壁塑像披巾平铺情况

2004

第275窟西壁塑像南侧狮子

2004

第275窟西壁塑像北侧狮子

2004

1　塑像南侧狮子头部

2004

2　塑像北侧狮子头部

2005

3　塑像南侧狮子身躯隐入台座情况

2005

4　塑像北侧狮子身躯隐入台座情况

第275窟西壁塑像两侧狮子

2010

第275窟西壁北侧壁画局部

1　西壁南侧上部壁画

2004

2　西壁北侧上部壁画

2004

第275窟西壁上部壁画

2010

第275窟西壁南侧壁画局部

1　西壁北侧三角垂帐纹

2005

2　西壁南侧三角垂帐纹

2005

第275窟西壁下段壁画

2010

第275窟北壁之一

2010

第275窟北壁之二

2010

第275窟北壁之三

第275窟北壁西起第一龛

2004

第275窟北壁西起第一龛内塑像

2004

第275窟北壁西起第二龛

2004

第275窟北壁西起第二龛内塑像

2010

第275窟北壁西起第三龛

2004

1　北壁西起第三龛内半跏菩萨像

2005

2　北壁西起第一龛西侧菩萨

2004

3　北壁西起第一、二龛之间菩萨

2005

4　北壁西起第二、三龛之间菩萨

第275窟北壁上段塑像、壁画

2011

1　北壁西起第一龛内塑像头部

2011

2　北壁西起第二龛内塑像头部

2011

3　北壁西起第三龛内塑像头部

2011

4　北壁西起第三龛内塑像头部

第275窟北壁塑像侧视（头部与壁面的关系）

第275窟北壁西起第一幅故事画

2005

第275窟北壁西起第二幅故事画

2004

第275窟北壁西起第三幅故事画

2004

第275窟北壁西起第四幅故事画

2010

第275窟北壁西起第五幅故事画

第275窟北壁西起第三幅故事画局部

2010

第275窟北壁西起第四幅故事画局部

2004

2004

1　北壁西起第四幅故事画局部　　　　　　　　　　2　北壁西起第四幅故事画局部

第275窟北壁西起第四幅故事画局部

1　北壁中段供养人局部（西端）

2005

2　北壁中段供养人

2004

第275窟北壁供养人

2011

1　北壁中段东侧壁画

2004

2　北壁下段东侧壁画

2005

3　北壁西侧边饰、三角垂帐纹

第275窟北壁壁画局部

2010

第275窟南壁之一

2010

第275窟南壁之二

2010

第275窟南壁之三

第275窟南壁西起第一龛

2010

2004

第275窟南壁西起第一龛内塑像

2005

1　南壁西起第一龛（东侧阙楼）

2005

2　南壁西起第一龛（东侧子母阙）

2005

3　南壁西起第一龛（阙楼屋顶仰视）

2005

5　南壁西起第一龛（西侧子母阙）

2005

4　南壁西起第一龛（阙楼屋顶正视）

第275窟阙形龛

2010

第275窟南壁西起第二龛

2004

第275窟南壁西起第二龛内塑像

2010

第275窟南壁西起第三龛

2004

1　南壁西起第三龛内半跏菩萨像

2005

2　南壁西起第一龛西侧菩萨

2004

3　南壁西起第二、三龛之间菩萨

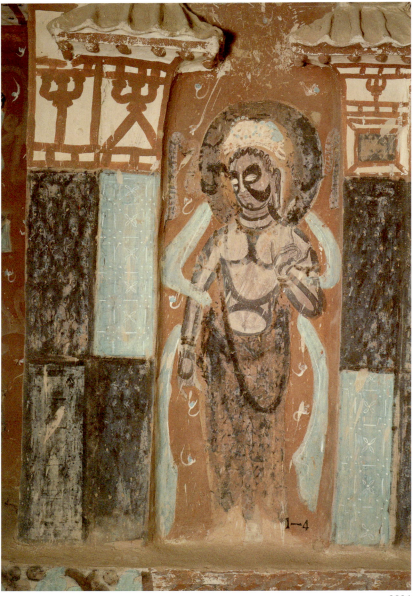

2004

4　南壁西起第一、二龛之间菩萨

第275窟南壁上段塑像、壁画

1　南壁西起第一龛内塑像头部

2　南壁西起第二龛内塑像头部

3　南壁西起第三龛内塑像头部

4　南壁西起第三龛内塑像头部

第275窟北壁塑像侧视（头部与壁面的关系）

1　北壁西起第一龛龛底

2008

4　南壁西起第一龛龛底

2008

2　北壁西起第二龛龛底

2008

5　南壁西起第二龛龛底

2008

3　北壁西起第三龛龛底

2008

6　南壁西起第三龛龛底

2008

第275窟北壁、南壁列龛龛底

2010

第275窟南壁西起第一幅故事画

2010

第275窟南壁西起第二幅故事画

2010

第275窟南壁西起第三幅故事画

2010

第275窟南壁西起第四幅故事画

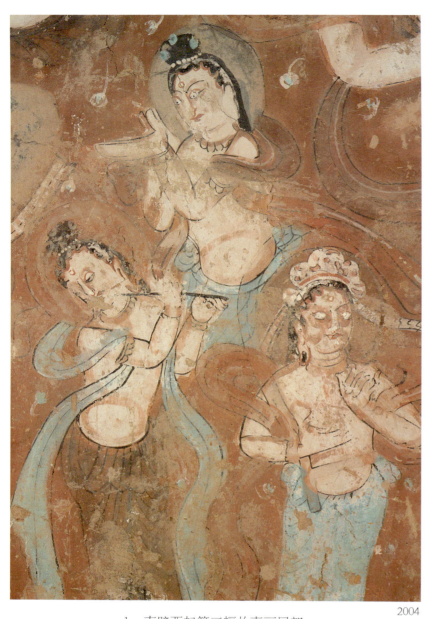

1　南壁西起第三幅故事画局部　　　　　　　2004

2　南壁西起第一幅故事画局部　　　　　　　2004

3　南壁中部壁画损坏情况　　　　　　　　　2004

4　南壁西起第一幅故事画局部　　　　　　　2004

第275窟南壁故事画局部

第275窟南壁壁画局部

2010

第275窟南壁壁画局部

2004

1 南壁供养菩萨局部

2005

2 南壁西侧边饰、三角垂帐纹

第275窟南壁壁画局部

1　南壁供养菩萨局部

2011

2　窟顶北披东侧壁画局部

2004

3　窟顶南披东侧壁画局部

2004

第275窟南壁、窟顶壁画局部

2010

第275窟东壁

2004

第275窟东壁南侧

1 东壁南侧中段壁画残迹 2010

2 东壁南侧中段壁画 2004

第275窟东壁南侧中段壁画

1 甬道南壁

2004

2 北壁西起第三龛西侧重层壁画

2008

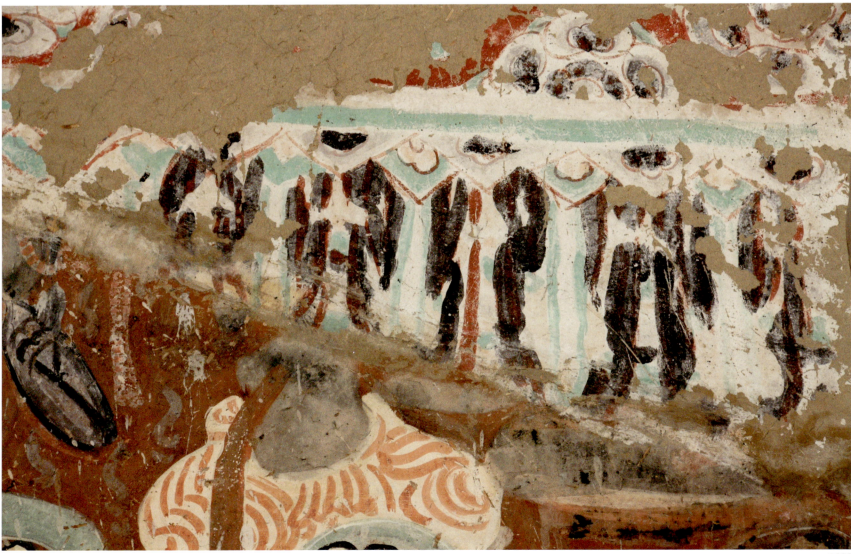

3 西壁北侧上部重层壁画

2008

第275窟甬道和西壁、北壁重层壁画

2007

第275窟隔墙西向面壁画

2004

第275窟隔墙西向面中铺说法图

第275窟隔墙西向面北铺说法图

2004

第275窟隔墙西向面上部千佛和南铺说法图

1—13

2—7

3—4

2005

第275窟隔墙西向面北侧如意轮观音变及供养人

2004

第275窟隔墙西向面南侧不空绢索观音变及供养人

第275窟隔墙西向面南侧不空绢索观音变

2004

1　隔墙西向面北侧女供养人

2004

2　隔墙西向面南侧女供养人

第275窟隔墙西向面供养人

2005

第275窟北壁东侧弥勒经变

第275窟南壁东侧重层壁画

2004

第275窟南壁东侧重层壁画

2010

第275窟窟顶

1　窟顶北披

2005

2　窟顶北披

2005

第275窟窟顶局部

2005

1 窟顶南披

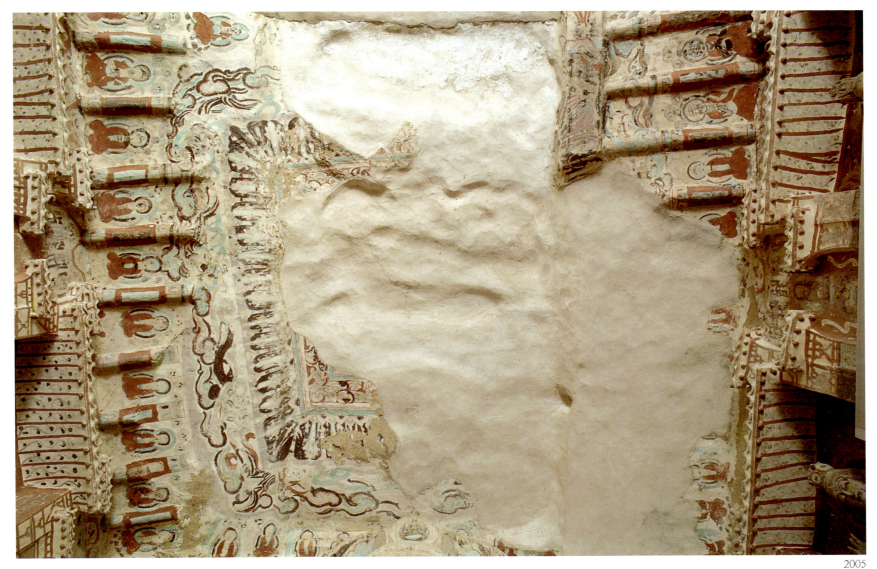

2005

2 窟顶两披和藻井

第275窟窟顶局部

2008

1　西壁顶端露出横向木质构件

2008

2　西壁顶端露出横向木质构件（特写）

第275窟西壁顶端横向木质构件

# 数码全景拼图

1 第266窟西壁

2 第266窟北壁

3　第266窟南壁

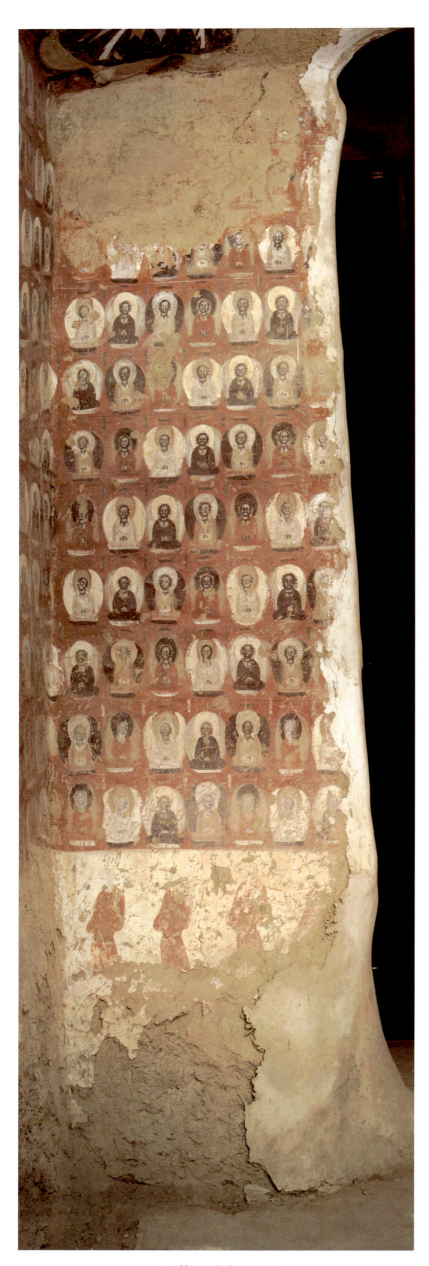

1 第266窟东壁北侧

2 第266窟窟顶藻井（→西）

4 第266窟东壁、窟顶

1　第266窟窟顶西披

2　第266窟窟顶北披

5　第266窟窟顶

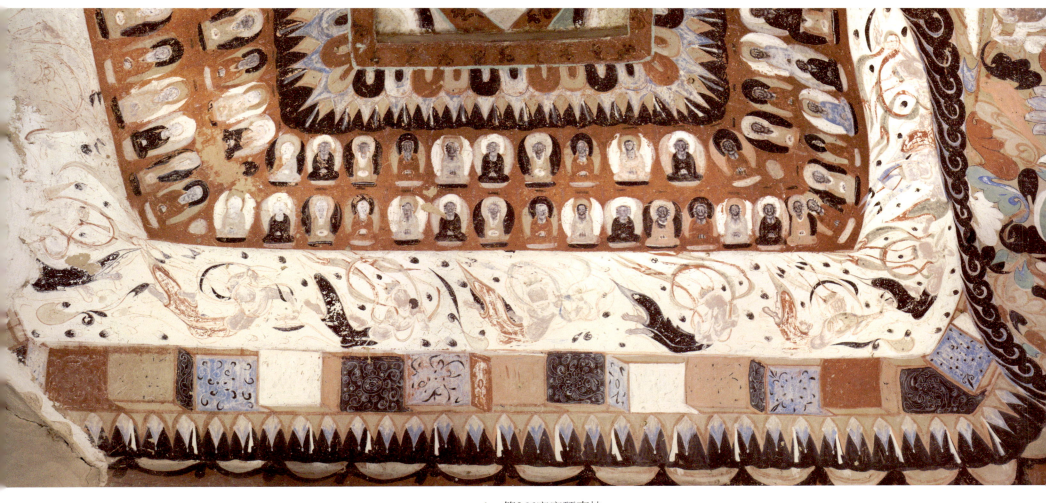

1　第266窟窟顶南披

2　第266窟窟顶东披

6　第266窟窟顶

7　第268窟西壁

8  第268窟北壁

9　第268窟南壁

10 第268窟窟顶（→东）

11　第271窟北壁

12 第271窟东壁

13　第271窟西壁

14　第271窟南壁

1 第271窟顶部（→东）

2 第270窟顶部（→东）

15 第271、270窟顶部

16　第270窟北壁

17 第270窟东壁

18　第270窟西壁

19　第270窟南壁

20　第267窟南壁

21　第267窟西壁

22　第267窟东壁

23　第267窟北壁

1　第267窟顶部（→北）

2　第269窟顶部（→东）

24　第267、269窟顶部

25　第269窟南壁

26    第269窟西壁

27　第269窟东壁

28　第269窟北壁

1—3

29　第272窟西壁

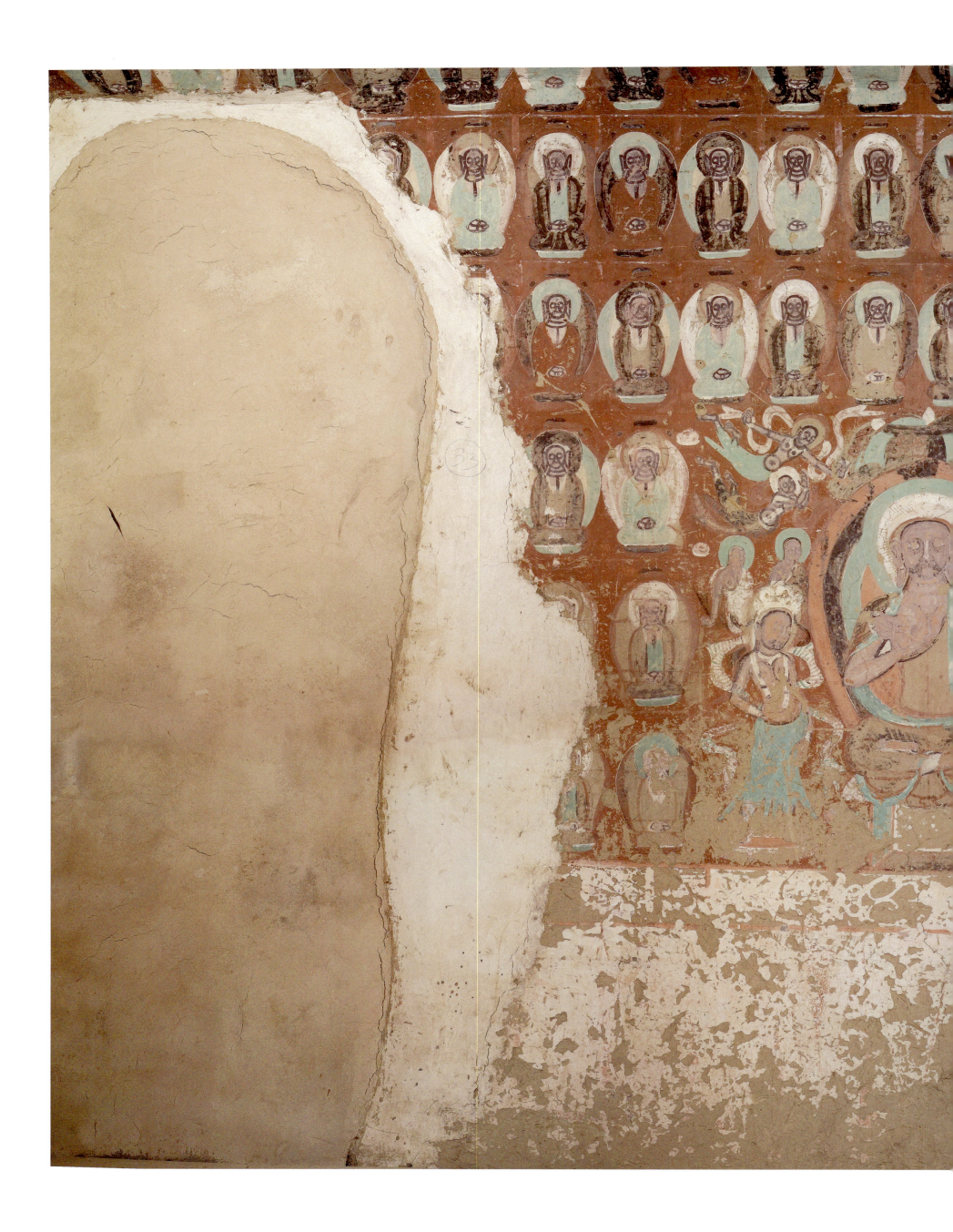

30　第272窟北壁

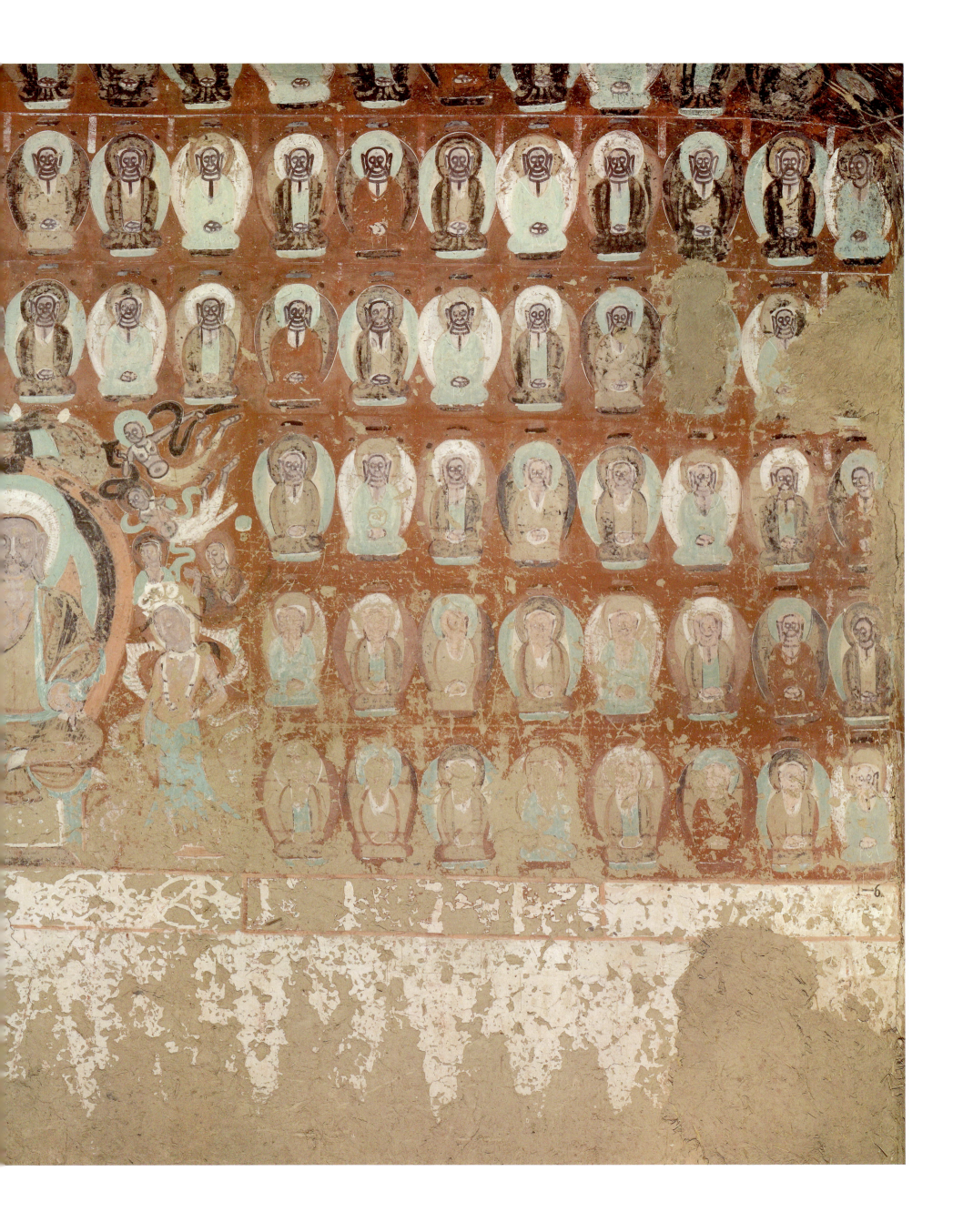

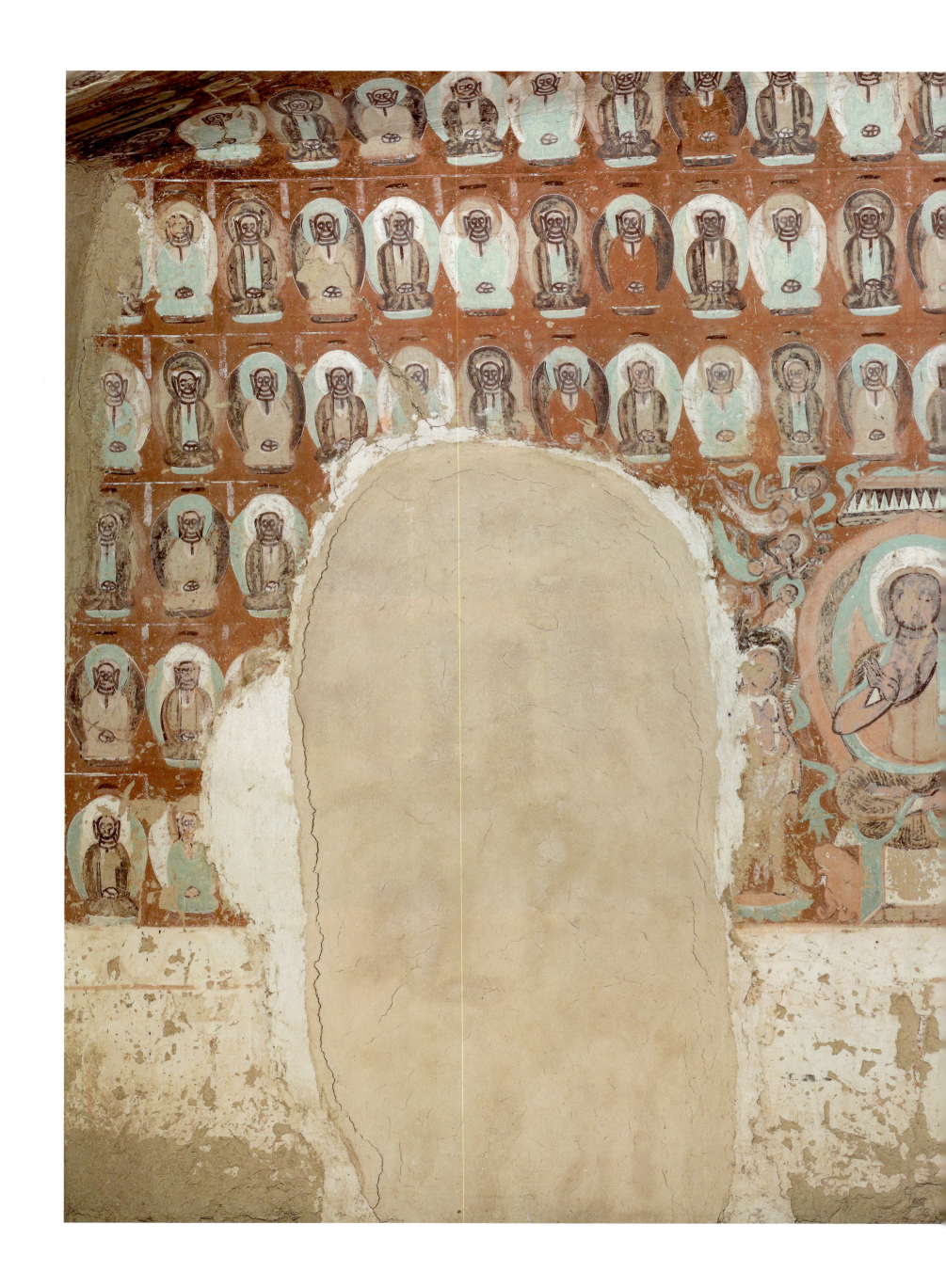

31　第272窟南壁

1—2

32　第272窟东壁北侧

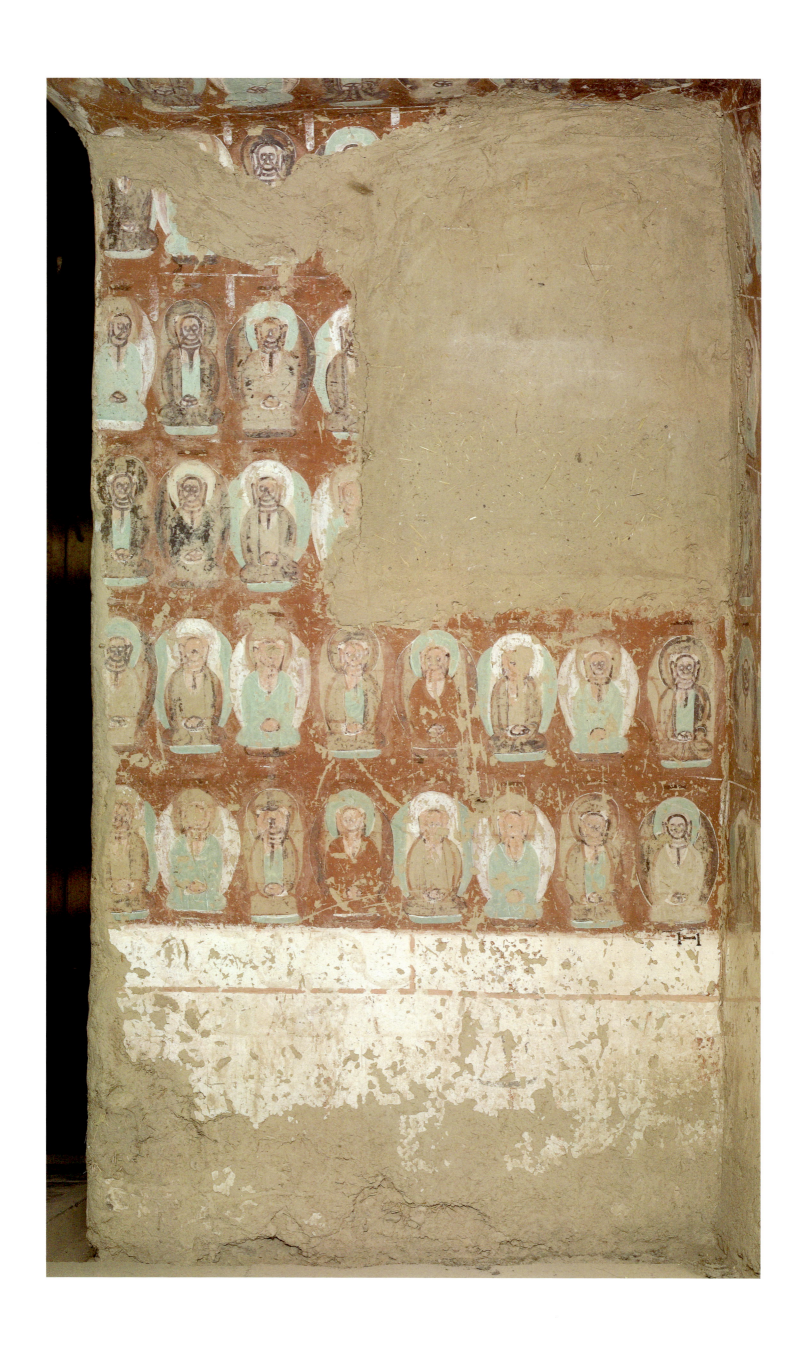

33　第272窟东壁南侧

34 第272窟窟顶（→北）

35　第272窟甬道北壁

36　第272窟甬道南壁

37　第272窟甬道顶部（→北）

38 第275窟西壁

39 第275窟北壁

40 第275窟南壁

41　第275窟东壁

42　第275窟窟顶（→北）

43　第275窟东壁南侧

44　第275窟甬道南壁